新版

筋トレと栄養の科学

監修
坂詰 真二　スポーツ&サイエンス代表
フィジカルトレーナー
石川 三知　スポーツ栄養アドバイザー
ボディリファイニングプランナー

はじめに

空前の筋トレブームの中、ＳＮＳや書籍には、筋トレ関係の情報があふれています。

そしてそこには、筋肉が６つに割れたお腹や、
逆三角形に盛り上がった背中の写真が……。

あんなふうになりたいと、筋トレを始めてみたものの、効果が表れず、早々に断念。

こんな経験ありませんか?

じつはむやみに筋トレをしてもカラダは変えられません。

とかく日本人は、「筋トレは回数をなるべく多く、毎日やることが良いこと!」と思いがち。

でもそれは間違いなのです。

正しい筋トレ法、そして筋トレ効果を上げるための食事法を科学的に解説。

新版には、エキセントリックトレーニング理論やＩＧＦ‐１、ホルモンが
筋トレとどうかかわっているかなどについて、新しい情報を加えています。

また、筋トレ実践編では呼吸と秒数などをさらに詳しく示しました。

これであなたのトレーニング効率も上がるはずです。


お腹を凹まし、太らない体質になることは夢ではありません。

最新科学に基づくトレーニングで理想のカラダを手に入れてください!

新版　筋トレと栄養の科学　目次

01 どうして筋トレが必要かを科学する

02 正しい筋トレ方法を科学する

03 食事と栄養を科学する

04 カラダの休め方を科学する

01

どうして
筋トレが必要かを
科学する

理論編

理論編

01

30代以降は年0・7%ずつ筋力が衰える。筋肉の減少が中年太りの原因となる

年を重ねると肌にシミやシワが増えて老化するように、筋肉も加齢とともに右肩下がりで衰えていきます。

一生のうちで筋肉が最も多いのは、成長期を終えた20歳前後。

思春期以降、成長ホルモンなどの働きで筋肉や骨が大きく丈夫になり、20歳前後にその人の体格が定まります。そのときの筋肉量が生涯で最も多いのです。

ボディビルディングのような筋トレを行えば20歳以降になっても、筋肉はいくらでも増量できます。でも、筋トレのようなトレーニングを行わない限り、筋肉は年とともに減っていくのです。

衰え方には個人差もありますが、一般的には**30歳から50歳までは年0.5～0.7%の割合で筋肉は減るといわれています。50歳からは筋肉の衰えに拍車がかかり、50歳から80歳までは年1.0～2.0%の割合で筋肉は減り続けるといわれています。**

その結果、20歳のときの筋肉量を100%とするなら、50歳では80%、80歳では50%まで減少します。つまり80歳になると、20歳の半分の筋肉しかなくなるのです。

加齢による筋肉量減少の目安

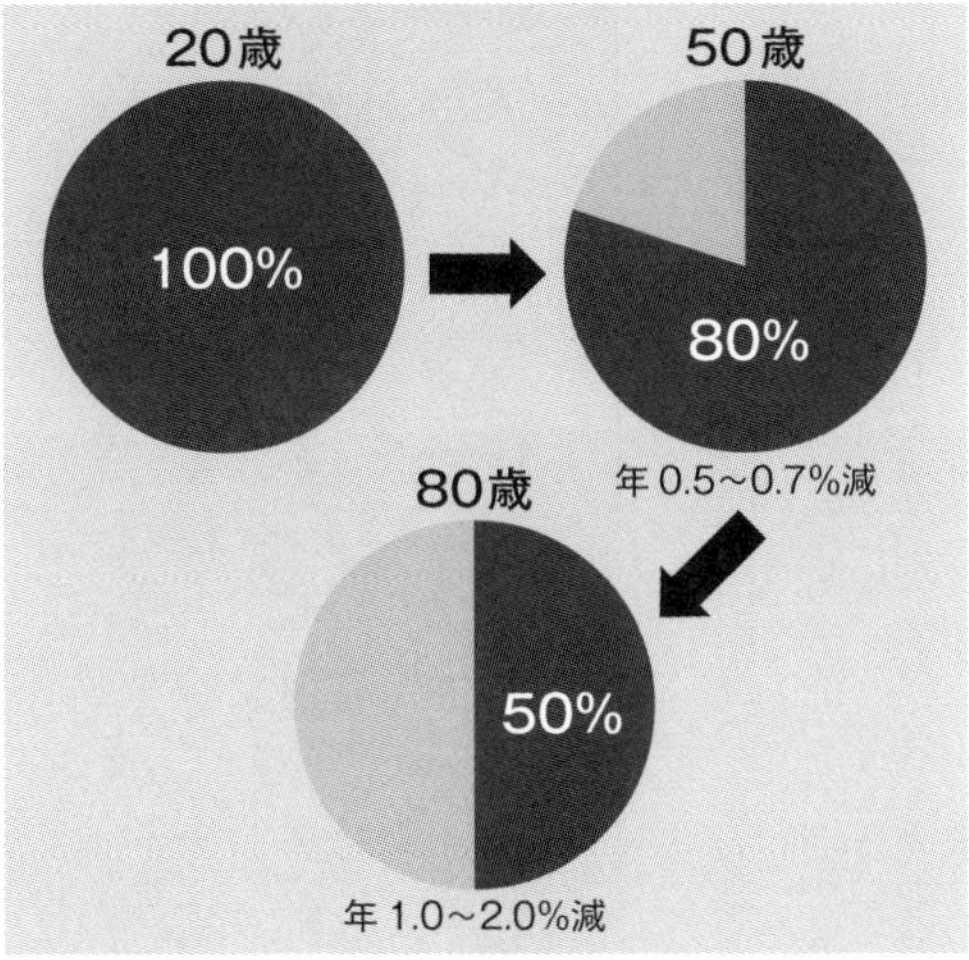

筋トレをしていない限り、30歳から50歳までは年0.5～0.7%、50歳から80歳までは年1.0～2.0%の割合で筋肉は減っていく。20歳を100%とすると50歳では80%、80歳では50%となる。

筋肉の減少はいわゆる中年太りの最大の原因になります。

筋肉はアイドリングしているエンジンのようなもの。運動をしていないときでも、アイドリングしているエンジンがガソリンを消費しているように、体内のエネルギー源を消費しています。体温を保つために熱をつくる仕事をしているのです。

じっとしていても消費している最低限のカロリーを基礎代謝といいます。基礎代謝は、1日に消費しているカロリーの60%ほどに達するといわれています。**筋肉は基礎代謝の20～30%を占めますから、加齢で筋肉が減ると消費カロリーがダウンします。**

それなのに同じだけ食べていると、太るのは当たり前。

太るか、やせるかを決めているのは、食事からの摂取カロリーと、運動などによる消費カロリーのバランスです。

摂取カロリーが消費カロリーを上回るとエネルギー収支が黒字になり、黒字分は体脂肪に変えられて太ります。摂取カロリーが変わらないとしても、筋肉が減って消費カロリーがダウンすると、エネルギー収支が黒字になって太ってくるのです。**中年太りの最大の原因は筋肉にあったのです。**

理論編 02

やせたいならまずは筋肉を鍛える。筋肉を1kg増やすと年2.5kg体脂肪が減る

年を取って筋肉が減って太ると動くのがつらくなり、日常生活での消費カロリーがダウンしてさらに太りやすくなります。

若いときは、駅で混雑しているエスカレーターに並ぶ人々の列を尻目に階段を駆け上がっていたのに、加齢で筋肉が減ると階段を避けて並んででもエスカレーターに乗ろうとします。オフィスでも1~2階下のフロアに行くときですら、階段を避けてエレベーターを使うようになります。

こうして動かないと余計に筋肉は減りやすくなり、太りやすくなります。**筋肉が減る→動かない→太る→さらに動かない→さらに太る……。中年以降はこの悪循環で雪だるま式に太り続けることになります。**

この悪循環を断ち切り、やせたいのなら、筋肉を鍛えるのが先決です。

やせるための手段は、食事からの摂取カロリーを減らすか、運動などによる消費カロリーを増やすかの二者択一しかありませんが、太った人がやせようとすると、まずは食事を減らそうとします。太っている人

の多くは運動をするのが苦手ですから、食事を制限する方が容易なのです。

ところが、**食事を減らすと、筋肉がさらに減りやすくなります。**

太っている人は、摂取カロリーが消費カロリーを上回っており、エネルギー収支が黒字になっています。やせるためには逆に摂取カロリーを消費カロリー未満に抑えて、エネルギー収支の赤字をつくり出す必要があります。エネルギー収支が赤字になると、それをカバーするために脂肪細胞に蓄えられている体脂肪が分解されてカロリーになるため、やせられるのです。

でも、このシナリオにはちょっとした落とし穴があります。**エネルギー収支が赤字になると体脂肪だけではなく、大事な筋肉も分解されてしまうのです。**筋肉は水分を除くとほとんどがタンパク質。タンパク質もエネルギー源になるため、食事量を減らすと筋肉のタンパク質が分解されて、筋肉はさらに減り、太りやすくなるのです。

やせたいなら、筋肉を減らすのではなく、増やすべき。基礎代謝の20〜30%を占めている筋肉を増やすと消費カロリーが増えてきて、食事量を減らさなくてもエネルギー収支が赤字になってやせやすくなります。

筋肉を1kg増やしてやると、消費カロリーが1日当たり最大50kcal増えるといわれています。「たかが50kcal」とあなどらないでください。

1年間に増える消費カロリーは50×365＝1万8250kcal。体脂肪は1g7.2kcal、1kgで7200kcalですから、単純計算で年間1万8250÷7200≒2.5kgずつ体脂肪が減る計算になります。「塵も積もれば山となる」という格言を胸に刻み、地道に筋トレをしていれば、隠れ肥満も中年太りも根本から鮮やかに解消できるのです。

理論編

03

宇宙では筋肉が急速に減っていく。地上でもごろ寝をすると筋肉は減る

筋肉は筋トレのような強い刺激を受けると成長しますが、何も刺激しないとすぐに衰えてしまいます。ことに**長期間筋肉を使わないと目に見えて萎縮が起こります。これを「廃用性筋萎縮」といいます。**

「廃用性筋萎縮」の恐ろしさを教えてくれたのは初期の宇宙飛行士たち。

地上では立ったり、歩いたりしているだけでも、1Gという重力が加わっています。筋肉の多くは重力に対して姿勢を支えるために働いていますから、日常生活を送っているだけでも知らない間に筋肉には最低限の刺激が入ります。ところが、宇宙空間では重力は限りなくゼロに近くなりますから、筋肉は開店休業状態。刺激が加わらないため、筋肉は猛スピードで衰えていきます。

その結果、宇宙に数日滞在しただけでも、地球に帰還したときには、自分の脚で立って歩けないくらい筋力が衰えてしまいます。宇宙船から降りたばかりの宇宙飛行士たちは、サポートクルーたちに助けられながら病院へ直行していました。

現在では日本を始めとする世界各国が共同で運営する国際宇宙ステーションがあり、

筋トレをすれば筋肉の減少は防げる

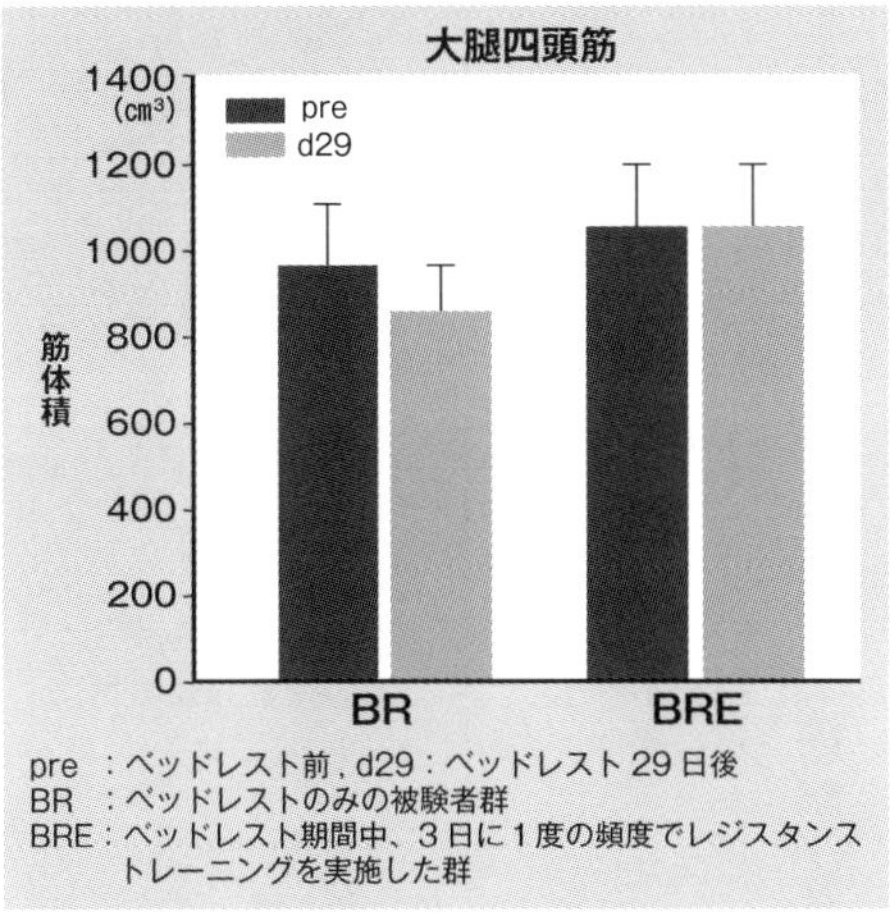

29日間ベッドで安静にする実験の結果。太腿前側の大腿四頭筋の体積を比較すると、何もしないと筋肉は減るが、3日に1度の頻度で筋トレをすると筋肉の減少が防げる。
Alkner and Tesch,2004

多くの宇宙飛行士が長期滞在するようになっています。そこでは筋力の低下を防ぐために数々の予防策が施されています。そのひとつが筋肉に刺激を与える筋トレなのです。国際宇宙ステーション内には、スクワットなどの筋トレが行えるマシンとランニングマシンが設置されており、宇宙飛行士はノルマとして1日1時間ほどの筋トレを欠かさないのです。

「宇宙に行かないから、筋トレは不要」などと考えないでください。

つねに1Gという重力が加わっているはずの**地上でも、生活習慣次第では宇宙空間と同じように「廃用性筋萎縮」で筋肉が減少することがあります。**骨折した部分をギプス固定していると動かさない筋肉はみるみる細くなります。また入院してベッドで安静にしていると筋肉を使わないので、初期の宇宙飛行士たちと同じように立ったり、歩いたりする力が弱くなります。

健康な人でも、休日ごろ寝をして過ごすと1日0.1%ずつ筋肉が減るといわれています。毎週末ごろ寝を決め込むと、1か月で通常の1年分の筋量低下を引き起こす恐れがあるのです。休日はできるだけアクティブに過ごして、時間の余裕があれば、筋トレに励んでください。

理論編

04

筋トレをしても贅肉が筋肉に変化するのではない

中年になってくると贅肉が増えてきて、カラダのあちこちでたるみが気になるようになります。すると**「筋肉が贅肉に変わった」といいますが、これは勘違いです。**

贅肉の正体は余分な体脂肪。体脂肪とは、体内で脂肪細胞に収められている中性脂肪を差します。脂肪細胞の直径は0・08㎜ほど。その内部は脂肪滴という中性脂肪の固まりで満たされています。一方の筋肉は、筋線維という繊維状の細胞を無数に束ねたもの。細胞の種類が違いますから、筋肉が体脂肪に変わることはありえません。

筋肉から体脂肪へのスイッチが起こらないことは、両者の化学的な組成の違いからも裏付けられます。体脂肪は化学的には炭素（C）、水素（H）、酸素（O）という3つの元素からなりますが、筋肉をつくるタンパク質にはC、H、Oに加えて窒素（N）が必要です。化学的な組成の違いからも、トランスフォームは起こりえないのです。

逆も真なりで、**筋トレで筋肉を鍛えたからといって体脂肪が筋肉へ変わることもまたありえません。**筋肉と体脂肪が交換可能であるように誤解されるのは、成人後に増減するのは筋肉と体脂肪だけだからです。太ったり、やせたりしても、心臓や肝臓といった内臓や骨にサイズ上の変化はありません。**やせた人が太るのは体脂肪が増えたからであり、太った人がやせるのは体脂肪と筋肉が減ったからなのです。**

体脂肪と筋肉では、大きさ（体積）当たりの重さである比重が異なります。体脂肪の比重は0.9、筋肉は1.1なので、同じ重さなら体脂肪の方が大きいのです。さらに体脂肪は柔らかくて締まりがありませんが、筋肉はタイトに引き締まっています。このため体脂肪が増えて筋肉が減ると体型が膨らみ、重力に負けて顎や二の腕やお尻についた締まりのない贅肉（体脂肪）が下垂してボディラインが崩れるのです。

肥満とは単に体重が重い状態ではなく、体脂肪が溜まりすぎた状態。体脂肪率（体重に占める体脂肪の重さの割合）が男性で20％、女性で30％を超えると肥満です。**たとえ体重は適正でも、筋肉が少なく、体脂肪が多い場合、体脂肪率は高くなります。これがいわゆる隠れ肥満。**

体重だけをモニターしていると、カラダの中身（体組成）の変化に気付くのが遅れるため、隠れ肥満が秘かに進みやすくなります。体重だけではなく、体脂肪率や筋肉量まで測れる体組成計があると隠れ肥満が早期発見できます。

隠れ肥満を解消するときのポイントは、単に食事だけを減らすダイエットに頼らないこと。前述のように、それだと不足したカロリーをまかなうために筋肉のタンパク質が分解されて減り、体型が崩れます。**ダイエットと同時に筋トレを行うと筋肉の減少を抑えて、体脂肪だけが落とせます。**すると筋肉の形がくっきり見えるようになるので、引き締まった体型になります。

理論編
05

40歳以降の5人に4人は、筋トレしないと将来歩けなくなる恐れが

胸板を厚くしたい、お腹を凹ませたい、脚を細くしたい……。外見を思い通りに変えたいという願望は筋トレを始める動機になりますが、見かけは気にしないというタイプでも筋トレは必須。なぜなら筋トレで筋肉を鍛えておかないと、将来自立した健康的な生活が送れない恐れがあるからです。

自由に立ったり、歩いたりして、自立した生活を送る基盤となるのは、運動器。運動器とはおもに移動にかかわる器官であり、筋肉、骨、関節、軟骨などを指します。この運動器の衰えや障害により、移動する機能が低下した状態をロコモティブ・シンドロームと呼びます。通称ロコモ。和名では「運動器症候群」といいます。

日本は世界有数の長寿国ですが、現在では平均寿命と健康寿命の差が問題化しています。健康寿命とは「日常的に介護が必要なく、自立した生活が送れる寿命」のこと。健康寿命は、平均寿命より男性で約9年、女性で約12年短く、その間は自立度が著しく低下した状態で不自由な生活を強いられるのです。健康寿命を平均寿命に近づけるのは超高齢化が進む日本の大きな課題です

が、そこで重要なのがロコモ予防。

健康寿命を短くする最大の敵は自立度が低下して要介護・要支援になること。その原因の第1位は運動器の障害で全体の23％。4人に1人はロコモで健康寿命を短くしているのです。**運動器を筋トレで強化すれば、ロコモが防げて健康寿命は長くなります。**

ロコモや健康寿命は高齢者だけの問題と思われがちですが、他人事ではありません。

要支援・要介護になった原因

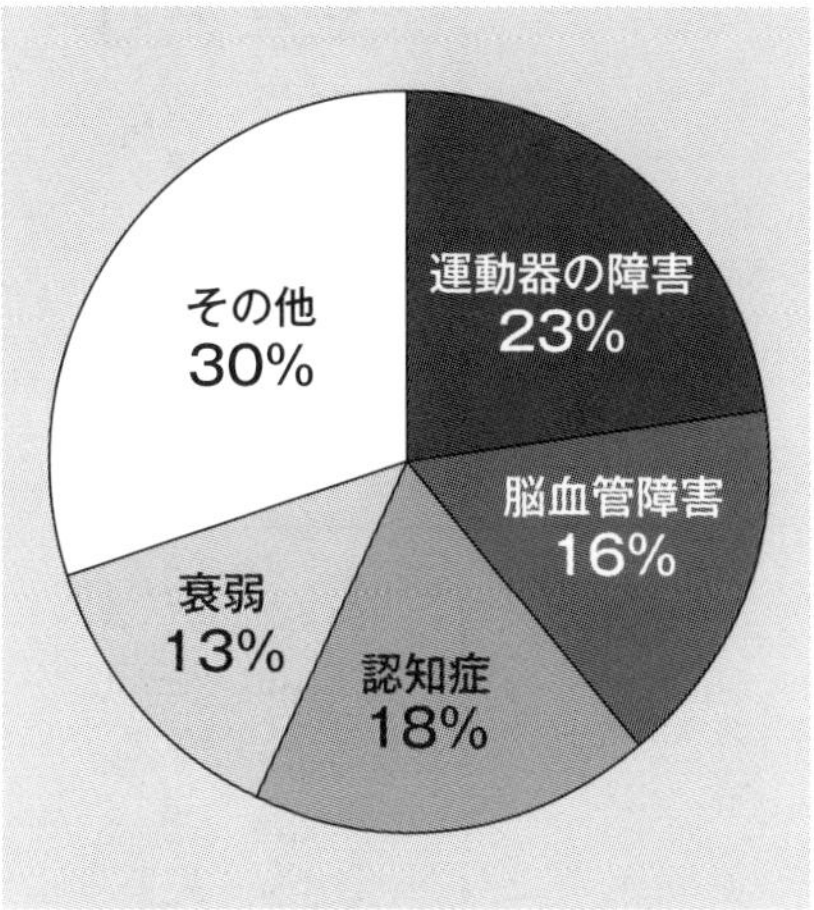

自立度が低下して要支援・要介護となる原因の1位は運動器の障害。全体の23%を占める。ロコモを防ぐと自立して暮らせる期間が長くなり、健康寿命が延ばせる。
厚生労働省『令和元年国民生活基礎調査』より

厚生労働省の調査によると**40歳以上の男女の5人に4人はロコモか、もしくはその予備軍だと考えられています。**

ロコモと似た言葉にメタボがあります。正式にはメタボリック・シンドローム。肥満（内臓脂肪型肥満）があり、血圧や血糖値や脂質の値に異常があり、生活習慣病のリスクが高くなった状態です。**メタボは血圧などの数値で〝見える化〟できるため早めに対策が打てるのに、ロコモは数値化しにくいため、運動器の衰えに気付きにくいという危険性があります。**

日本整形外科学会によると、片脚で靴下がはけない、階段を上がるのに手すりが必要である、2kg程度の買い物をして持ち帰るのが難しい、15分くらい続けて歩くことができないといった自覚症状があると、ロコモ予備軍への入り口と考えられます。チェックしてみてください。

理論編
06

筋トレは何歳から始めても効果あり。遅すぎることはない

英会話や自動車の運転は、若いときの方が上達しやすいといわれています。

年を取ってから一念発起して英語がペラペラになったり、自動車免許を取ったりする人もいますが、習得には若いときよりも大きな努力を要します。そのため多くの人はある年齢以上になると、英会話の習得や自動車免許の取得を諦めてしまいます。

その点、**筋トレは何歳から始めても、正しいフォームで筋肉に適切な負荷をかければ、若いときよりややペースは落ちますが、確実に筋肉は成長します。筋トレを始めるのに、遅すぎることはないのです。**

学生時代を含めて運動経験ゼロの人、あるいは運動から遠ざかっている期間が長い人は、一度近所のスポーツクラブに入り、体力測定を行い、筋トレの基本的なやり方を教わるとさらに効果的です。スポーツクラブにずっと入り続けるとそれなりのコストがかかりますが、3か月ほど期間限定で入り、筋トレのコツがわかったら退会して、自宅での筋トレに切り替える手もあります。スポーツクラブでの運動が楽しくなったら、そのまま継続してトレーニングを習慣にし

高齢者でも筋トレはちゃんと効く

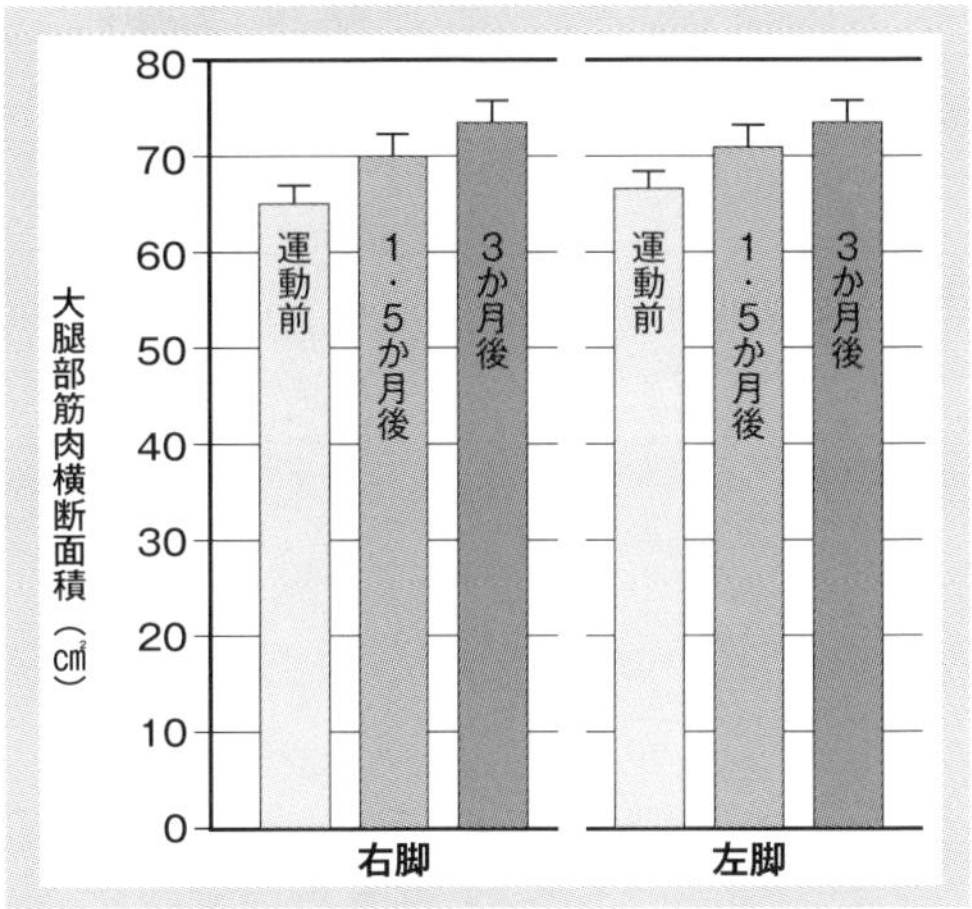

60～72歳の被験者が脚の高負荷トレーニングを週３回行った実験。３か月後には脚の筋肉が平均11%肥大したという結果が得られた。80歳以上の被験者の実験でも筋肥大は起こるという報告は他にも多くある。

Fronteraら1988年より

てください。

筋トレは、高齢者にも有効です。筋トレは80歳でも90歳でも、筋肉を大きくする効果があることがわかっているのです。筋肉は人体で最も新陳代謝が活発な組織。年を取って筋肉が萎縮していたとしても、適度に刺激するとたちまち目覚めて成長を始めるのです。昔は「筋トレは若い人がするもの」「年寄りに重たいものを持たせてはいけない」といった意見が主流でしたが、現在ではロコモ予防の観点からも高齢者も筋トレに積極的に取り組むべきだと考える専門家が増えています。

　ただし、高齢者は関節や骨などの老化が進んでいる場合があり、いきなり筋トレをすると障害が生じる恐れもあります。筋肉と比べて、関節や骨は一度低下した機能を回復させるのは、非常に難しいのです。高齢者が筋トレを始めるときは、必ず医師に相談してから行うようにしてください。

　女優の森光子さんは毎日１００回のスクワットを習慣にしていましたし、同じく女優の吉永小百合さんは腹筋と背筋の運動を毎晩１００回続けているそうです。**自分にとって続けやすい筋トレを見つけて習慣化するのが、健康を保ついちばんの秘訣です。**

理論編
07

運動神経が悪い人の方がむしろ筋トレには向いている

筋トレをすすめても「運動は苦手だから、筋トレなんてとてもできません」と腰が引ける人もいます。

でもじつは、運動経験が少なく不器用なタイプほど筋トレは向いていますから、安心して筋トレにトライしてください。

なぜ運動が苦手な方が筋トレ向きなのかを説明しましょう。

運動が苦手なことを俗に「運動神経がない」といいますが、実際に運動の主役となる筋肉を思い通りに動かしているのは運動神経です。筋肉は縮むときに力を出していますが、運動神経は脳からの指令を受けて筋肉に「縮め！」というシグナルを伝えているのです。もちろん運動神経は万人に備わっていますが、運動神経と筋肉の連携が悪くて、タイミング良く思い通りに筋肉が使えないことを「運動神経がない」と称するのです。逆に「運動神経がある」のは、複数の筋肉をスムーズにコントロールして器用に使えるタイプ。野球やサッカーといった球技を始めとするスポーツ全般に長けています。

ところが、**筋トレにいわゆる運動神経は**

01 どうして筋トレが必要かを科学する

不要です。筋トレは狙いを定めて一度にひとつの筋肉のみを動かすのが最大のコツ。それだと負荷がピンポイントに加わるので、筋肉が成長しやすいのです。

日常生活でも球技などのスポーツでもつねに複数の筋肉が働いており、ひとつの筋肉だけを独立して動かすことはしませんから、筋トレは決して合理的なカラダの使い方をしているわけではありません。運動神経アリで器用なタイプは無意識のうちにカラダを合理的に使おうとするため、ひとつの筋肉を動かしているつもりでもほかの筋肉が助け舟を出すように働いてしまい、負荷が分散して筋トレの効果が落ちます。その点、**運動神経ナシのタイプは不器用なだけにひとつの筋肉だけを動かすのが得意なので、筋トレが効きやすいのです。**

とはいえ、運動神経があるスポーツ万能タイプだと筋トレができないわけではありません。ハリウッドの男優で筋骨隆々のマッチョの代名詞といえば、シルベスター・スタローンとアーノルド・シュワルツェネッガーです。出世作の映画『ロッキー』を観ればわかるように、スタローンは運動神経アリのタイプ。出演作の激しいアクションの大半をスタントマンなしで自らこなしています。一方のシュワルツェネッガーは意外にも運動神経ナシのタイプ。激しいアクションの多くはスタントマンに頼っているといわれています。

運動神経ナシのシュワルツェネッガーはその適正を活かし、ボディビルの世界最高峰大会ミスター・オリンピアで合計7回チャンピオンに輝きました。スタローンはボディビルダーではありませんが、運動神経アリのハンデを努力で乗り越えて素晴らしいボディをつくり上げています。運動神経アリの人も悲観しなくてよいのです。

理論編
08

筋トレは毎日やってはいけない。週2回が最も効率的である

ウォーキングのような軽い運動は毎日やってもよいのですが、筋トレは毎日やってはいけません。週2回で十分なのです。

筋トレによる筋肉の成長は「超回復モデル」で説明することができます。

筋トレで筋肉を強く刺激すると、筋肉に疲労が溜まり、筋力は一時的に下がります。その後、カラダを休めて糖質やタンパク質などの栄養を摂ってやると筋肉は疲労から回復。筋肉が成長します。その際、前回の筋トレ時よりも筋力は少しだけ高くなります。これを〝過去を超える回復〟という意味で「超回復」と呼ぶのです。**筋肉は、次に同じ刺激が来ても耐えられるように、超回復を起こすと考えられています。**

超回復のタイミングで次のトレーニングを行うと、筋肉は超回復を連続的に起こして筋力がトントン拍子に上昇します。筋力は筋肉の断面図に比例しますから、筋力の上昇は筋肉の肥大＝成長を意味します。

筋トレの強度によっても変わりますが、超回復を起こすまでの時間は一般的に48時間から72時間ほどだといわれています。そこで2〜3日おきに週2回ペースのトレー

筋トレによる超回復のモデル図

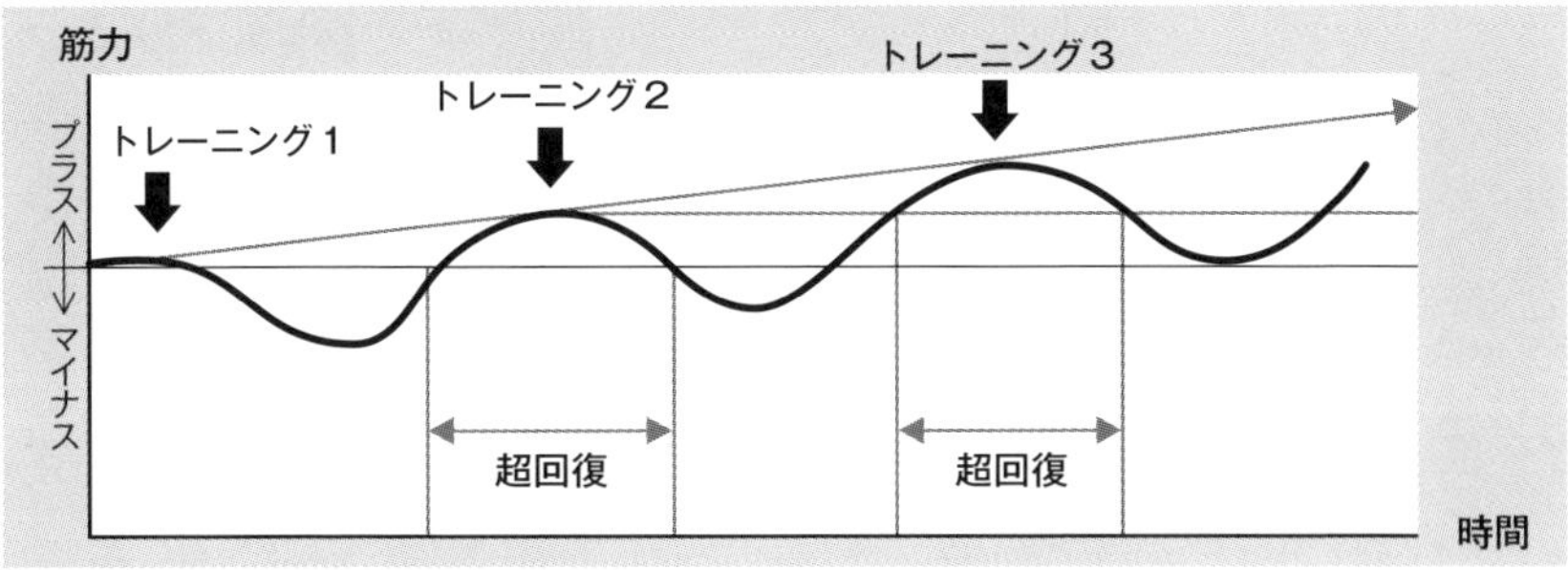

筋トレを行うと一時的に筋肉の分解が進んで筋力が低下。栄養と休養を与えると筋肉の合成が優位になって筋力が回復。それまでに48～78時間かかるが、そのタイミングで次の筋トレをすると効率的なカラダづくりが可能。

ニングを行うべきなのです。

週2回という頻度ばかりを気にしがちですが、超回復を活用するために大切なのは次回のトレーニングまでの間隔。「時間がないから」と週末にまとめて鍛えるのではなく、月曜→木曜→日曜→水曜……と2～3日あけて行うようにしてください。

日本人は真面目なので、たくさんやるほど効果的だと思いがちですが、週4回、5回と頻度を増やすほど、トレーニングによる疲労が溜まりやすくなります。

疲労から回復しないうちに次の筋トレを行っても、超回復が起こりにくくなり、トレーニングの質が低下して筋肥大が順調に進まなくなります。アスリートの世界ではよくいわれるように「休養もトレーニングのうち」なのです。

逆に4日以上トレーニングの間隔をあけると超回復が終わり、筋力が元のレベルに戻ってしまいます。これでは、せっかく頑張って筋トレを続けていても、一歩進んで一歩戻るような状態。その繰り返しでは、筋肉はなかなか成長してくれません。**生活習慣に応じて続けやすい曜日を見つけて、2～3日おきの週2回ペースを守るようにしてください。**

理論編
09

筋肉は400もあるが、鍛えておきたいのは14種類ほど。ポイントを絞って効率を上げる

ひと口に筋肉といっても、カラダにはさまざまな種類の筋肉があります。心臓は心筋という筋肉でつくられていますし、内臓は平滑筋という筋肉からできています。でも、**筋トレが対象としている筋肉は、骨格筋。関節をまたいで骨についている筋肉です。**本書でとくに断らない場合は筋肉＝骨格筋のことであり、筋肉が縮むと関節が動き、人体の複雑な動きを可能にしています。

カラダは筋肉の固まり。体重の30〜40％程度は筋肉だといわれています。そして細かい筋肉までカウントすると、全身には400ほどの筋肉があるとか。その全部をひとつひとつ鍛えている暇はとてもありませんから、ポイントを絞って効率的にトレーニングしてください。

400の筋肉のうち、優先的に鍛えておきたいのは、カラダの外側にあるアウターマッスル（表層筋）。外側にあるアウターマッスルはボディラインの輪郭をつくっていますし、サイズが圧倒的に大きいので肥大すると基礎代謝を上げて太りにくい体質

をつくってくれます。体型を整えて中年太りを防ぐには、アウターマッスルから優先的にトレーニングするのが効率的なのです。

優先度の高いアウターマッスルは次に挙げる10か所の筋肉です（詳しい場所と機能については30ページ参照）。

下半身では、太腿前側の大腿四頭筋、太腿後ろ側のハムストリングス、お尻の大臀筋、ふくらはぎの下腿三頭筋。

体幹では、お腹の腹直筋、脇腹の腹斜筋群、腰背部の脊柱起立筋。体幹とは、手足を除いた胴体の中心部です。

上半身では、胸の大胸筋、背中の広背筋、肩の三角筋。

以上10か所の筋肉の優先度が高いのですが、背中の僧帽筋、上腕前側の上腕二頭筋、上腕後ろ側の上腕三頭筋、お尻の中臀筋の4つをプラスするとさらに良いでしょう。

計14か所を一度に鍛えようとするとそれなりに時間がかかるので、まずは下半身の種目から優先的に筋トレを始めてください。

アウターマッスルに対して、カラダの深層にある筋肉をインナーマッスル（深層筋）と呼びます。インナーマッスルは骨に近いところにあり、関節の動的安定性を保つなどの大事な働きをしています。関節の動的安定性とは、関節を筋肉で安定させるという意味。ちなみにこれに対して静的安定性とは、軟骨や靭帯のように動かないもので関節を支えることをいいます。

インナーマッスルの重要性は最近注目されていますが、動的安定性を高めるために日常的に使われているため、運動不足や加齢の影響を受けにくく、幸運にも衰えにくいという特徴があります。**運動不足や加齢で衰えやすいのはアウターマッスルなので、筋トレをするときはアウターマッスルにターゲットを絞って行うべきなのです。**

筋トレで優先的に鍛えるべき筋肉とその働き

前面

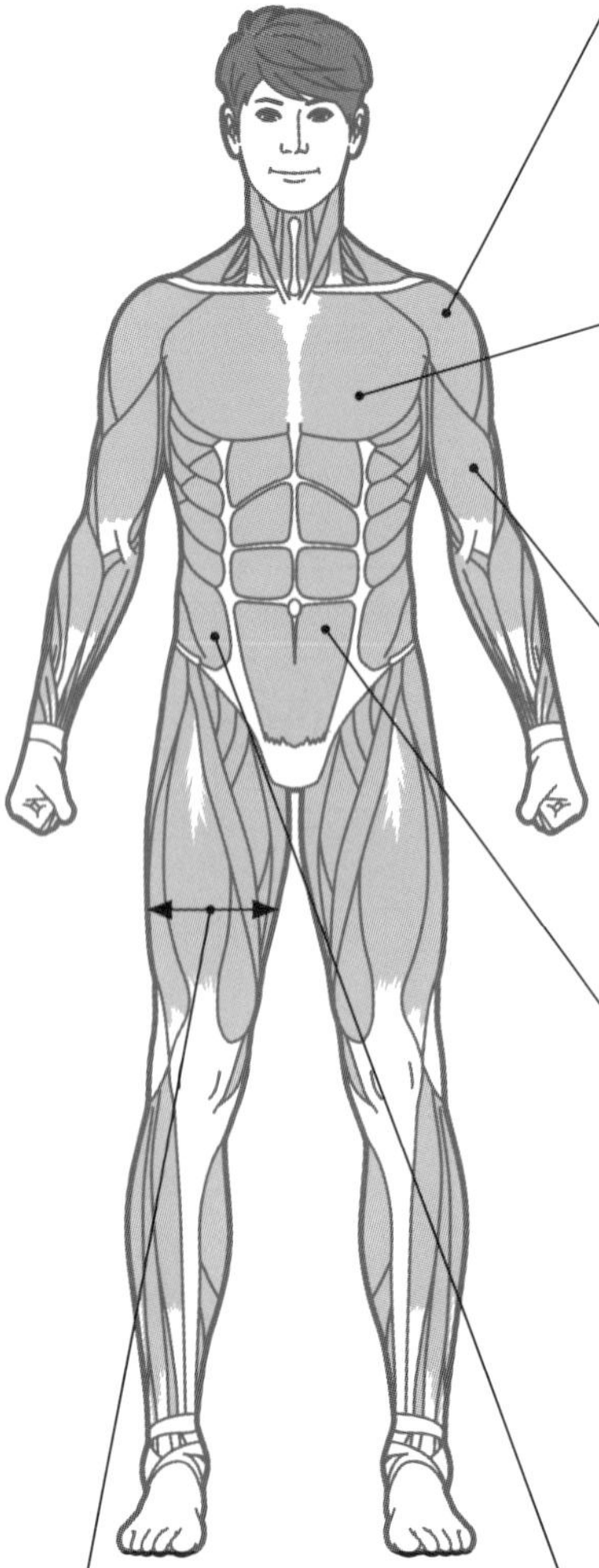

三角筋《さんかくきん》

左右の肩をまるで肩パッドのように覆う筋肉。肩を自在に動かす。ここを鍛えると肩幅が広くなり、上半身の逆三角形デザインが際立つ。

大胸筋《だいきょうきん》

カラダの正面で扇形に広がる左右一対の筋肉。トレーニングで発達しやすく、分厚い胸板はたくましい上半身を強調。腕を前方に出す。

上腕《じょうわん》二頭筋《にとうきん》

上腕前側にある筋肉。鍛えると盛り上がり、ポパイがホウレンソウを食べたときのように力こぶができる。肘を曲げる働きがある。

腹直筋《ふくちょくきん》

お腹の正面にあり、肋骨と骨盤をつないで縦に走り、背骨を屈曲する働きがある。体脂肪が減ると6つから8つに割れて見える。

大腿《だいたい》四《し》頭筋《とうきん》

太腿前側にある強力な筋肉。大腿直筋、外側広筋、内側広筋、中間広筋という4つの筋肉の総称。膝関節を伸ばし、大腿直筋は股関節を曲げる。

腹斜筋群《ふくしゃきんぐん》

脇腹にあり、適度に鍛えればくびれができる。外側の外腹斜筋と内側の内腹斜筋の総称。体幹をひねる際に外腹斜筋と内腹斜筋は同時に働く。

背面

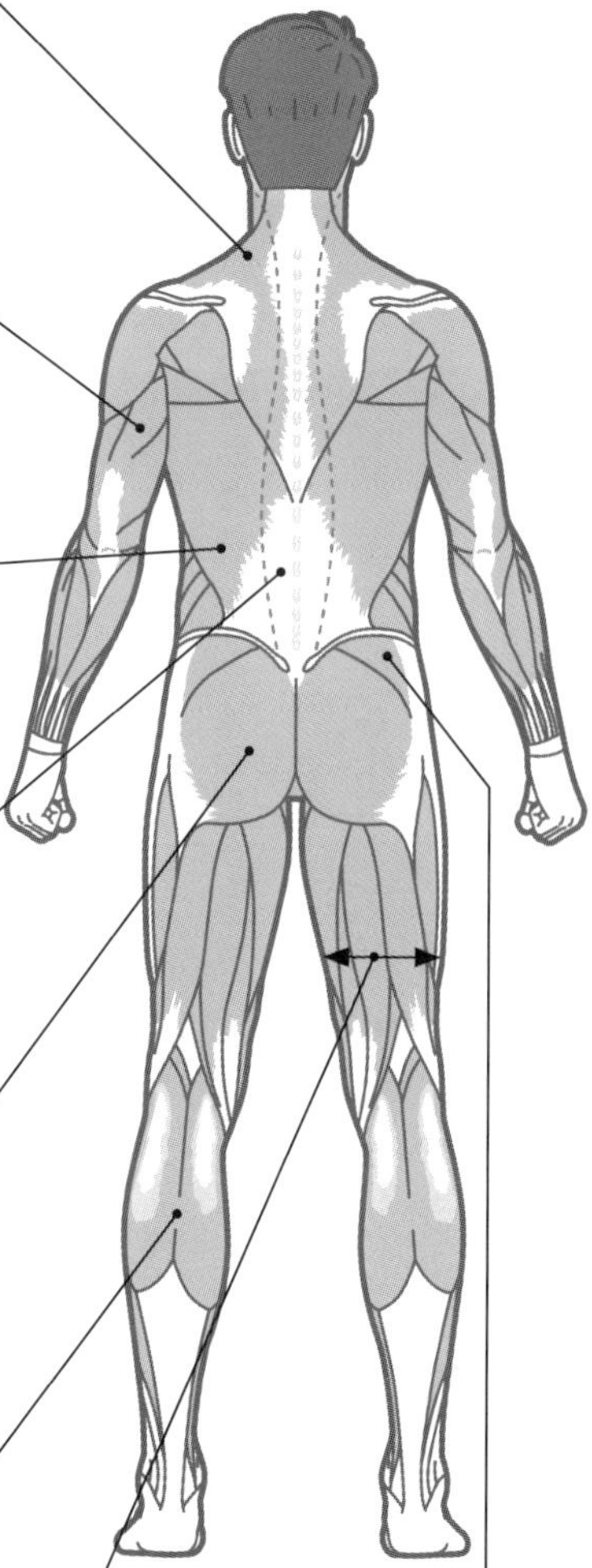

僧帽筋《そうぼうきん》

首筋から肩と上背部に向けて菱形に広がる強力な筋肉。上背部をカバーしており、肩甲骨の動きをコントロール。上部、中部、下部に分かれる。

上《じょう》 腕三頭筋《わんさんとうきん》

上腕の後ろ側にあり、肘を伸ばす働きがある。上腕二頭筋よりも筋肉量が多く、ここが衰えると“振袖”のようにたるんで見えやすい。

広背筋《こうはいきん》

背骨と骨盤から上腕の骨に向けてＶ字に広がり、背中全体をカバーする重要な筋肉。懸垂のように伸ばした腕を引き寄せる動作で働く。

脊柱《せきちゅう》 起《き》立筋《りつきん》

背骨と平行に走っている多くの筋肉の総称。下半身に次いで運動不足で衰えやすい。強化すると姿勢が改善する効果もある。

大臀筋《だいでんきん》

骨盤と太腿の骨をつなぐパワフルな筋肉。お尻の形をつくっており、鍛えるとヒップアップして締まったお尻になる。股関節を伸ばす。

下腿三頭筋《かたいさんとうきん》

ふくらはぎの膨らみをつくっている筋肉。表層の腓腹筋と深層のヒラメ筋からなる。ともに足首を伸ばし、腓腹筋は膝関節を曲げる働きもある。

ハムストリングス

太腿後ろ側にある強力な筋肉。大腿二頭筋、半腱様筋、半膜様筋という３つの筋肉の総称。膝関節を曲げて、股関節を伸ばす働きがある。

中《ちゅう》 臀筋《でんきん》

骨盤と太腿の骨をつないでいる筋肉。歩行中などに働いており、体重が片脚に加わったときに反対のお尻が下がらないように骨盤を支えている。

理論編

10

筋肉は2種類の線維からなり、ブレンド率は遺伝でほぼ決まる

筋トレを本格的に始める前に、筋肉がどのようなつくりになっているかを知っておきましょう。

筋肉は、筋線維という髪の毛1本ほどの細長い繊維状の細胞を無数に束ねたもの。筋線維には、さらに筋原線維という繊維状の物質がぎっしり詰まっています。

筋原線維は、アクチンとミオシンという2種類のタンパク質からなるユニットを1列につなげた構造をしています。

筋肉をコントロールしている運動神経の末端から「収縮せよ!」というシグナルが伝えられると、アクチンがミオシンの間に滑り込みます。1列に並んだユニットで同時にアクチンがミオシンの間に滑り込むため、筋原線維が縮み、その結果、筋線維も筋肉も収縮するのです(35ページ参照)。

筋線維をさらに詳しくみるとふたつのタイプに分けられます。それは遅筋線維と速筋線維です(専門的にはもっと多くのタイプに分類されますが、44~45ページで詳しく説明します)。

遅筋線維は、その名の通り収縮するスピードが遅くて弱い力しか出せないのですが、

スタミナに優れているという特徴があります。そして速筋線維は、収縮するスピードが速くて瞬間的に大きな力を発揮しますが、スタミナがなくてすぐにバテやすいという特徴があります。

すべての筋肉はこの2タイプを適度にブレンドしたもの。遅筋と速筋には対照的な性質がありますから、両者をブレンドして短所を補って長所を伸ばし、筋肉の機能をトータルに高めているのです。

遅筋は赤く見えることから赤筋、速筋は白っぽく見えることから白筋とも呼ばれます。マグロやカツオのように大海原を回遊している魚は持久力の高い赤筋が多いため赤身であり、ヒラメやカレイのように海底の砂や泥などに潜んで小魚が近づくと猛ダッシュで補食する魚は瞬発力に優れた白筋が多いため白身になるのです。

ヒトでは遅筋と速筋はほぼ50%ずつ配合されていますが、そのブレンド率には個人差があり、遺伝で配合率はある程度決まっています。かつてはその割合は後天的には変わらないといわれていましたが、現在ではその説は否定されています。ランニングのような持久的なトレーニングを続けていると遅筋が増えてきて、筋トレのような瞬発的なトレーニングを行っていると速筋が増えることがわかっているのです。その結果、鍛錬した短距離ランナーの脚では速筋が多くなり、マラソンランナーの脚では遅筋が多くなります。

遅筋と速筋を比べると、加齢で衰えやすいのは速筋。そして筋トレで成長して太く大きくなるのも、もっぱら速筋です。たとえ速筋が生まれつき少ないタイプでも、筋トレを続けていれば速筋が増えていきます。そして加齢で速筋が衰えたとしても、筋トレに励めば衰えが取り戻せるのです。

筋肉の基本的な構造を知っておく

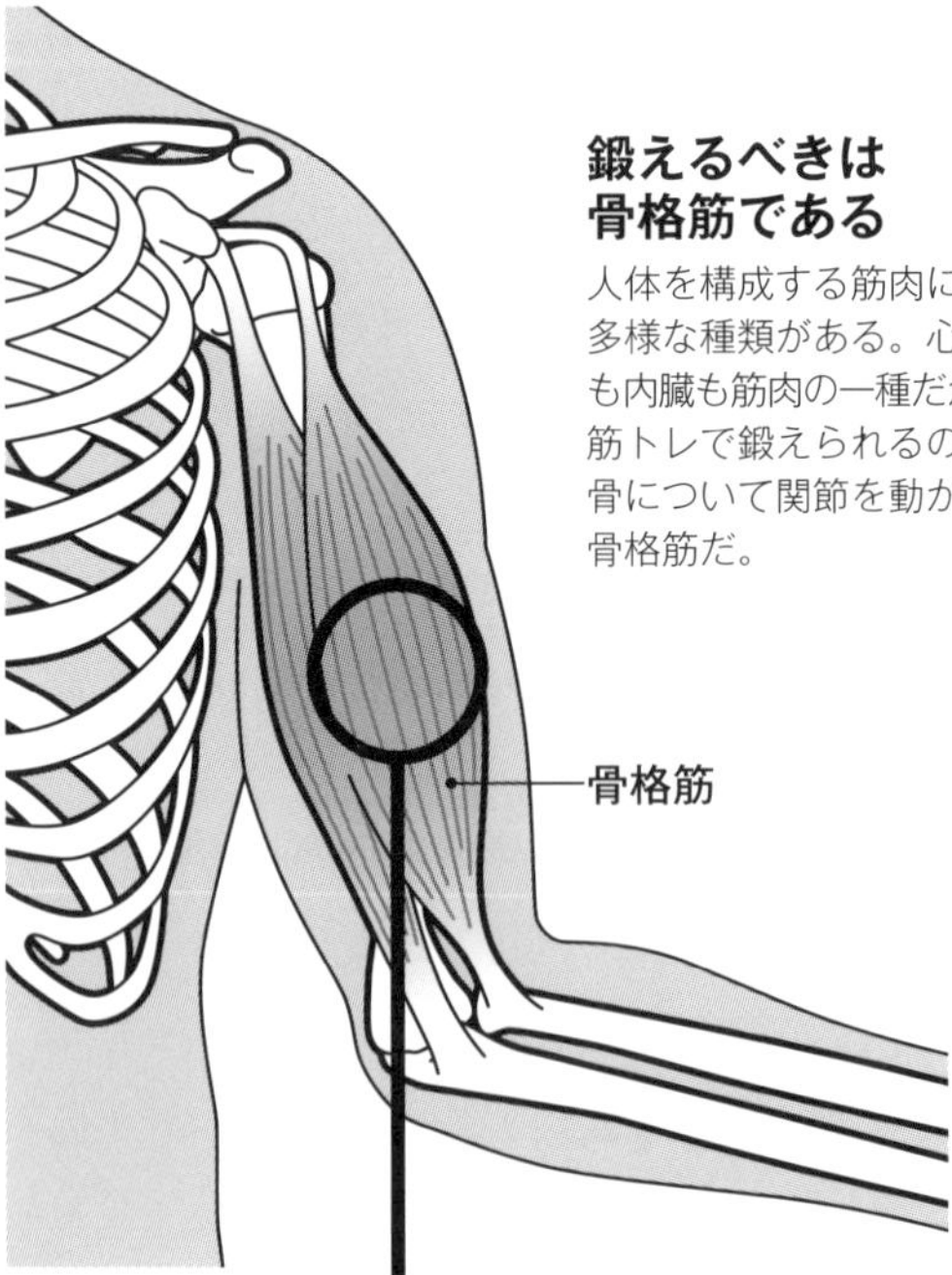

鍛えるべきは骨格筋である

人体を構成する筋肉には多様な種類がある。心臓も内臓も筋肉の一種だが、筋トレで鍛えられるのは骨について関節を動かす骨格筋だ。

筋肉は筋線維の集まりだ

骨格筋は筋線維と呼ばれる細長い細胞を無数に束ねたもの。筋線維には、スタミナに優れた遅筋線維と瞬発力に優れた速筋線維がある。

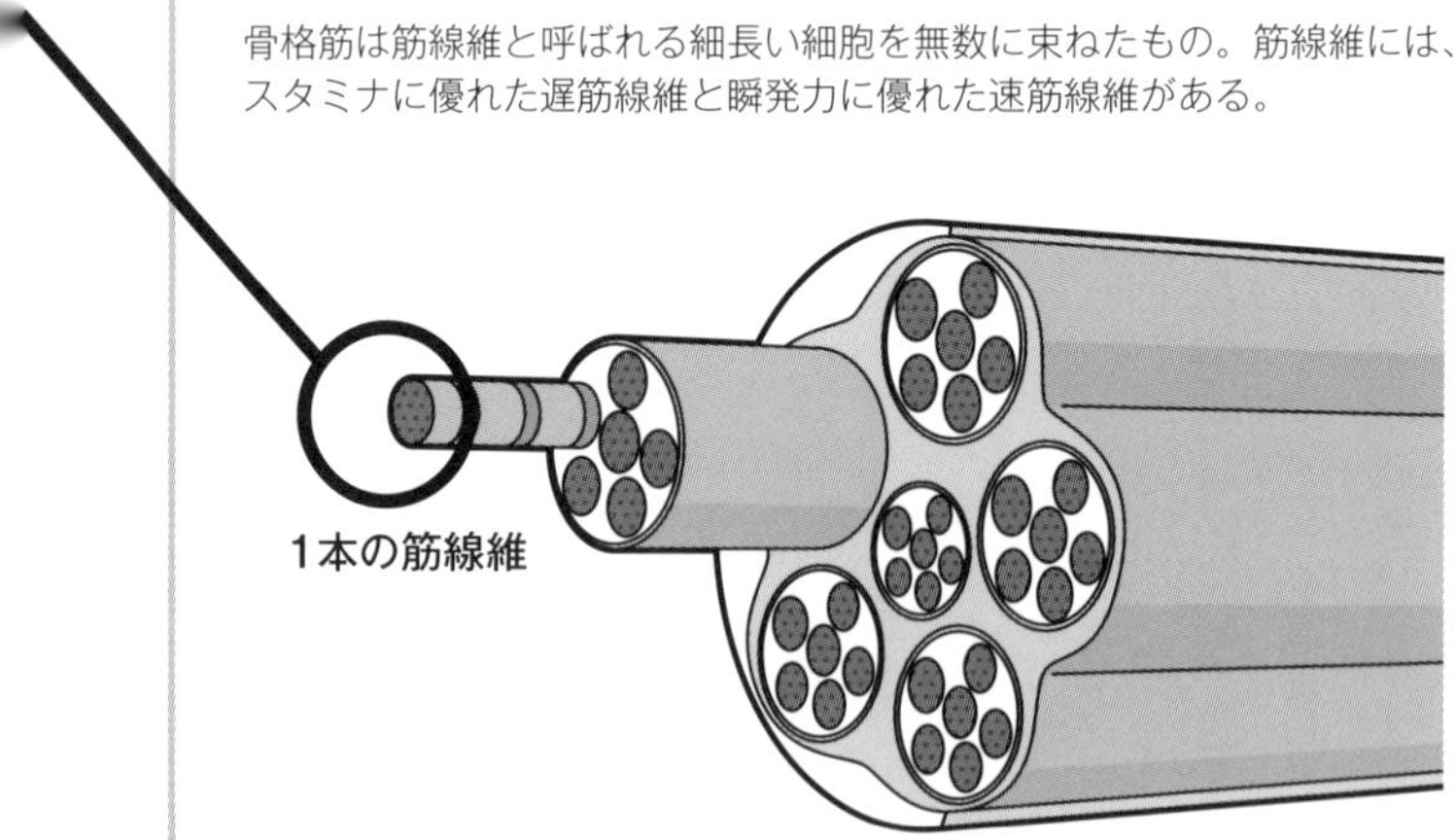

筋線維には筋原線維がぎっしり

筋線維の内部には筋原線維がぎっしり詰まっている。筋原線維はアクチンとミオシンという収縮装置であるタンパク質から構成される。

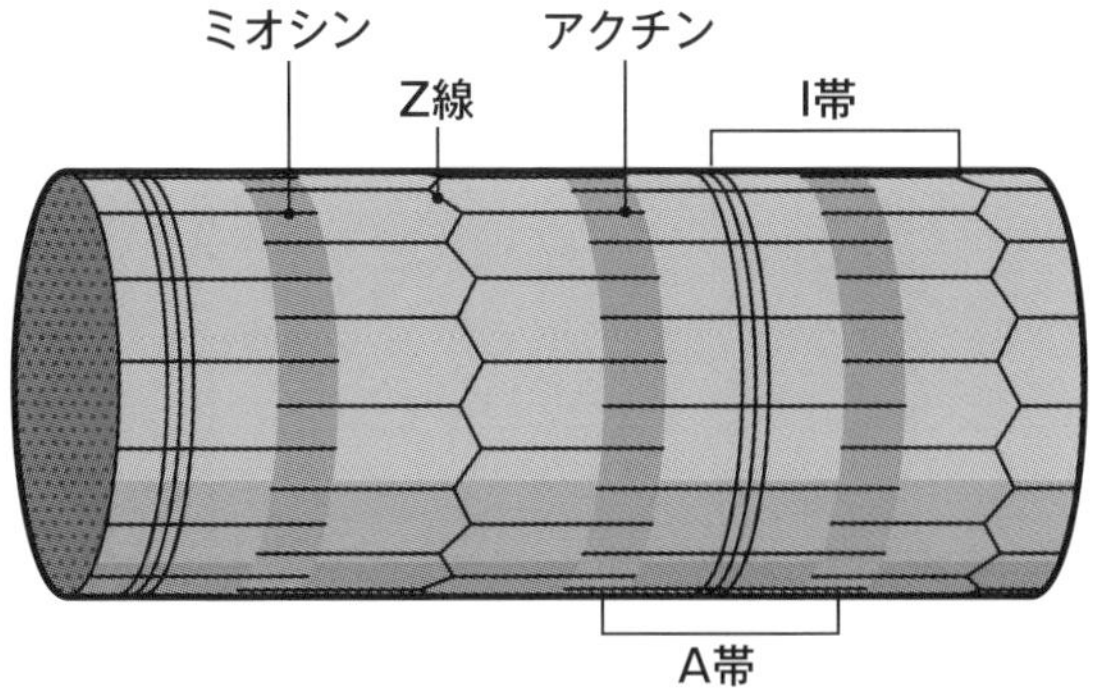

筋原線維が伸縮するしくみとは？

運動神経から「縮め！」というシグナルを受けるとアクチンがミオシンの間に一斉に滑り込み、筋肉全体が短くなって関節を動かす。

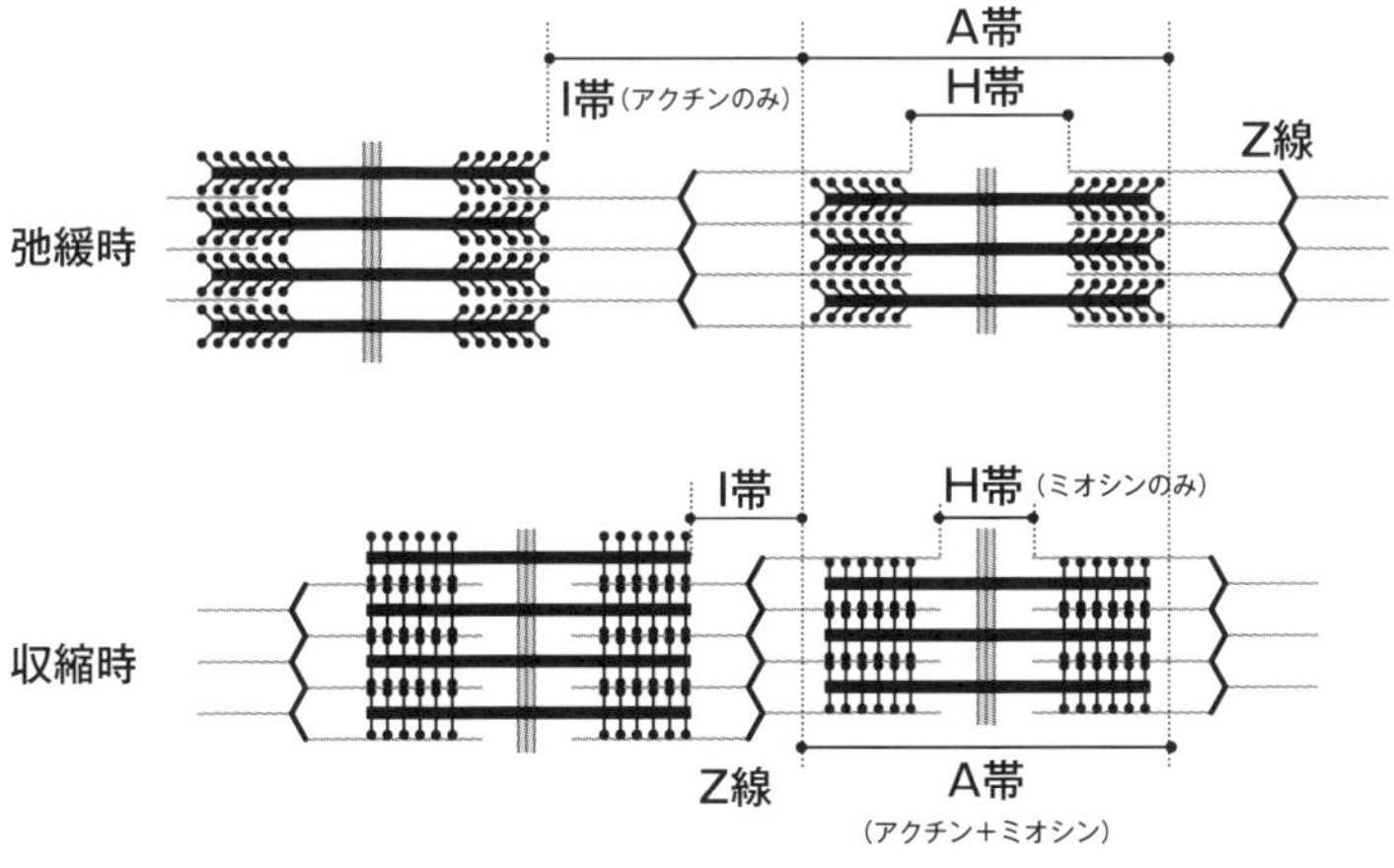

理論編
11

筋肉は増えないといわれてきたが、増えることがわかってきた

「筋肉が大きくなる」という表現を日常的に使いますが、筋肉の両端は骨についていますから、筋肉が縦方向に大きくなることはありません。

筋肉は大きくなるのは横方向のみ。筋肉の成長とは筋肥大、つまり筋肉が太くなることによってのみ起こるのです。筋力は筋肉の断面積に比例しており、太くなると筋力も上がります。

筋肥大は第一に筋線維の肥大です。

すでに触れたように、筋肉は筋線維という細長い細胞を無数に束ねたものであり、筋線維の内部には筋原線維が隙間なく詰まっています。この筋原線維1本1本が太くなり、それによって筋線維、ひいては筋肉全体が肥大していくのです。

筋肥大のメカニズムをもう少し詳しく見てみましょう。

カラダをつくっている細胞は通常ひとつの細胞核を含んでいますが、筋線維には数個の細胞核があります。このように複数の細胞核を持つものを多核体と呼びます。

筋原線維を構成しているタンパク質はつねに分解と合成を繰り返しています。通常

は分解と合成の割合が釣り合っているため、筋肉の大きさは変わりません。そこへ筋トレの刺激が入ると、その情報は筋線維の細胞核へ伝えられて「タンパク質の合成量を増やせ！」という遺伝子の情報が読み出されます。この合成促進のシグナルにより、筋肉内のタンパク質の合成が分解を上回るようになり、筋原線維が太くなるのです。

さらにトレーニングを続けていると肥大が頭打ちになってきます。携帯電話の基地局がカバーできるエリアが決まっているように、ひとつの細胞核が発した合成促進のシグナルが影響を与える範囲は限られているからです。すると筋肥大を促進するために、筋線維の細胞数が増えてきます。**新たに増える細胞を供給しているのは、筋サテライト細胞と呼ばれる細胞です。**

筋サテライト細胞は筋線維を包み込む「基底膜」という膜の間に潜んでいます。筋サテライト細胞はふだんは休眠していて細胞分裂を止めていますが、何かのきっかけがあると活発な細胞分裂を始めます。通常はケガなどで筋線維が損傷した際、そこへ融合して筋線維を再生しています。けれど、筋トレを行うと正常な筋線維にも融合して、細胞核を増やして筋肥大を促していることがわかっています。

筋サテライト細胞は既存の筋線維と融合するだけではなく、単独で新たな筋線維に成長する能力を秘めています。いまの筋線維だけでは筋肥大に限界が見えてくると、細胞分裂をした筋サテライト細胞同士が集まって「筋管細胞」になり、「筋管細胞」が新たな筋線維に成長するのです。

こうして**一度増えた筋線維はその後減ることはありません。定期的に筋トレを続けて筋線維を増やしておくと、筋肉が肥大しやすい体質になるのです。**

理論編
12

筋トレで分泌されるテストステロンがやる気を高めてうつ状態を改善

筋肥大を起こす重要なメカニズムのひとつにホルモンの働きがあります。

カラダの組織を分解することをカタボリック（異化）、合成することをアナボリック（同化）といいますが、**アナボリック・ホルモンが分泌されると筋肉にタンパク質が誘導されやすくなり、筋肥大をサポートするのです。**

アナボリック・ホルモンの代表が、インスリンと男性ホルモンの一種、テストステロンです。一般的に女性よりも男性の方が筋肉がつきやすいのは、男性の方がテストステロンの分泌量が多いからです。筋肉を増強させたいボディビルダーやスポーツ選手が違法なドーピングで用いるアナボリック・ステロイド剤は、テストステロンに似た構造と作用を持っています。

女性でもテストステロンは分泌されていますが、その量は男性よりも少ないため、鍛えても男性ほどの筋肥大は起こりません。「ムキムキになるのがイヤだから、筋トレはしない」という女性もいますが、それは杞憂。美容と健康のために女性も筋トレで20代の筋肉量を保つべきなのです。

テストステロンはアナボリック・ホルモンとしての役割以外にも、性機能、性欲、やる気の維持にかかわり、有害な活性酸素を除去して動脈硬化やがんといった生活習慣病を避ける働きなどがあります。

男性のテストステロンの分泌量は20代をピークとして右肩下がりで衰えます。そして**40代以降になるとテストステロンの減少から、性欲や意欲の低下、疲労やうつ状態といった症状が出てきます。こうした症状があるとストレスのせいにしたりしますが、多くは加齢に伴うテストステロンの減少によるもの。**これを俗に男性更年期、医学的には加齢男性性腺機能低下症候群（LOH症候群）と呼びます。

筋トレにはテストステロンを増やす効果がありますから、男性更年期の予防と改善に威力を発揮します。定期的な筋トレを続けていると加齢によるテストステロンの減少をカバーし、性欲や意欲を高め、疲労やうつ状態の改善にもつながるのです。

テストステロンの分泌量が気になる人は、アンチエイジング外来などでチェック可能。テストステロンの濃度には遺伝的な素因も影響しており、利き手の薬指が人差し指よりも長いタイプは、テストステロン濃度が生まれつき高いといわれています。

テストステロン以外のアナボリック・ホルモンには成長ホルモンがあります。**強度の高い筋トレをした直後、脳下垂体から成長ホルモンが分泌されて、血液で肝臓へ運ばれてIGF-1（インスリン様成長因子-1）という成長因子に変化。このIGF-1が筋肉をつくるタンパク質の合成を増やすように命じるのです。**最近は成長ホルモン自体は筋肥大とは直接的な関係がなく、IGF-1とインスリン、そしてテストステロンが主役と考えられています。

理論編
13

大筋群＋標的の筋肉を鍛錬し、IGF-1のダブル効果を狙う

筋肥大を促すアナボリック・ホルモンの代表格は男性ホルモンの一種、テストステロン。とはいえ、テストステロンの量が男性に比べて少ない女性でも、真剣にトレーニングすれば十分な量の筋肉を養うことは可能です。**これは、インスリンなどテストステロン以外のアナボリック・ホルモンの影響と考えることができます。**

前項で筋トレによって脳下垂体から成長ホルモンが分泌されると、ＩＧＦ‐１という物質が産生されることに触れました。

ホルモンは全身に作用する生理活性物質です。成長ホルモンが骨に作用すれば骨の成長が促され、脂肪組織に作用すれば脂肪の代謝が促され、脳に作用すれば記憶力や意欲を高めるという働きが期待できます。そして肝臓で作用するとＩＧＦ‐１がつくられ、筋タンパクの合成が促されるのです。

今では筋肥大に関しては、成長ホルモンそのものというよりも、ＩＧＦ‐１が直接影響を及ぼす物質であることが明らかになっています。

おもしろいことに、ＩＧＦ‐１は肝臓だけでなく、直接刺激を入れた筋肉でもつく

成長ホルモンによるIGF-1分泌が筋肥大を促す

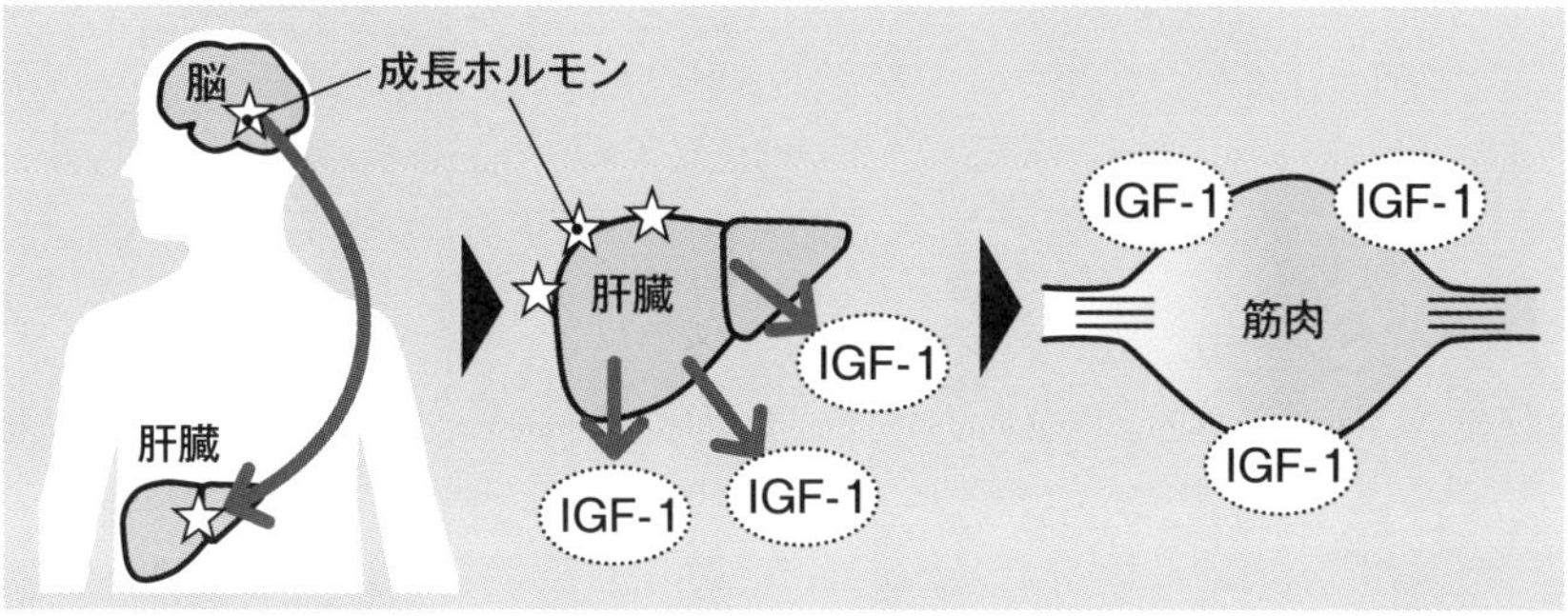

成長ホルモンが脳下垂体から分泌されて肝臓に働きかける

成長ホルモンによって肝臓からIGF-1が分泌される

IGF-1が筋肉の細胞に働きかけて筋肥大が促される

られることがわかっています。局所的にも産生されることで太ももの筋肉を鍛えたら太ももが、背中の筋肉を鍛えたら背中の筋肉が選択的に肥大するというわけです。

　このＩＧＦ-１の力を借りて、より効率的な筋肥大を実践する方法があります。肝臓でつくられるＩＧＦ-１は刺激する筋肉のボリュームに応じて量が左右されます。腕のトレーニングをするのと大腿四頭筋のトレーニングをするのとでは、後者の方が多く分泌されるのです。**肝臓でつくられるIGF-1は全身を巡って各部位に影響を及ぼすので、その量が多いほど筋肥大は効率的に進みます。**鍛えたい部位でつくられるＩＧＦ-１とのダブル効果でさらに効率はよくなります。

　たとえば上腕三頭筋を肥大させたいなら、腕の筋トレだけでなく下半身の大筋群を刺激するスクワットを組み合わせれば、より早い筋肥大が望めるということです。

　ちなみに、筋肉でつくられるＩＧＦ-１が効果的に分泌される運動刺激があることがわかってきました。**瞬間的に大きな力を出すような刺激よりも、ある程度の時間、筋線維が頑張って力を出す刺激の方が有効だということです。**ベンチプレスの場合なら、一気に上に持ち上げる動作ではなく、ジワジワ下げる動作の方が筋肥大効果は高いのです。

理論編
14

直接的に筋肥大を促すのはエムトールという筋肉内のタンパク質

テストステロンや成長ホルモン、ＩＧＦ-１のような物質が筋タンパクの合成を促すというのは、筋肥大のプロセスの上流の話。いってみれば筋肥大の最初のスイッチが押されたという段階の話です。スイッチが押された後、実際に筋肉内部で何が起こるかについては、近年の研究で徐々に明らかになってきました。

キーワードのひとつは、「エムトール（mTOR）」（エムトアともいいます）です。これは筋肉の細胞内に存在しているタンパク質で、その内部には筋合成を促すシグナルとなる酵素が備えられています。

もともとは酵母から発見されたタンパク質で、その免疫抑制作用が注目されていました。後に、哺乳類にも同様のタンパク質があることがわかり、免疫抑制以外にも細胞内の栄養状態をモニタリングしたり、栄養状態に合わせて細胞の増殖を促したり、オートファジー（自食作用）というタンパク質を分解する現象を防ぐ働きがあることなどが次々に判明したのです。

そして現在では、筋肉を肥大させる作用があることが明らかになり、運動生理学の

世界で最も大きな注目を浴びる物質のひとつとなりました。ちなみに、エムトールは動物実験で寿命の延伸にも影響することもわかっていて、こちらも世界中の研究者から注目されています。

さて、エムトールが働く回路のスイッチを入れるのは、機械的な運動刺激、インスリンや成長ホルモンの分泌、アミノ酸の一種のロイシンの摂取などが挙げられています。これらの刺激によってエムトールが活性化すると、筋タンパクを合成する最終プロセスである遺伝子の翻訳が促されます。アナボリック・ホルモンが最初のスイッチだとすると、それらの作用と最終的な筋肥大を結びつけるのが、エムトールの活性化だと考えられるようになったのです。

エムトールが活性化すると、同時にタンパク質の分解システムが抑制されることもわかっています。筋タンパクがどんどん合成される一方で分解が抑制されることで、結果的に筋肉の量が増えるというわけです。

現在ではエムトールの活性化を促す運動刺激についての研究も進められています。それによると力を出しているときに急激に筋肉を引っ張るような運動より、力を出しているときにゆっくり筋肉を伸ばすような運動刺激が有効、ということまでわかってきました。今後のさらなる研究を待ちたいところです。

エムトールによる筋肥大のメカニズム

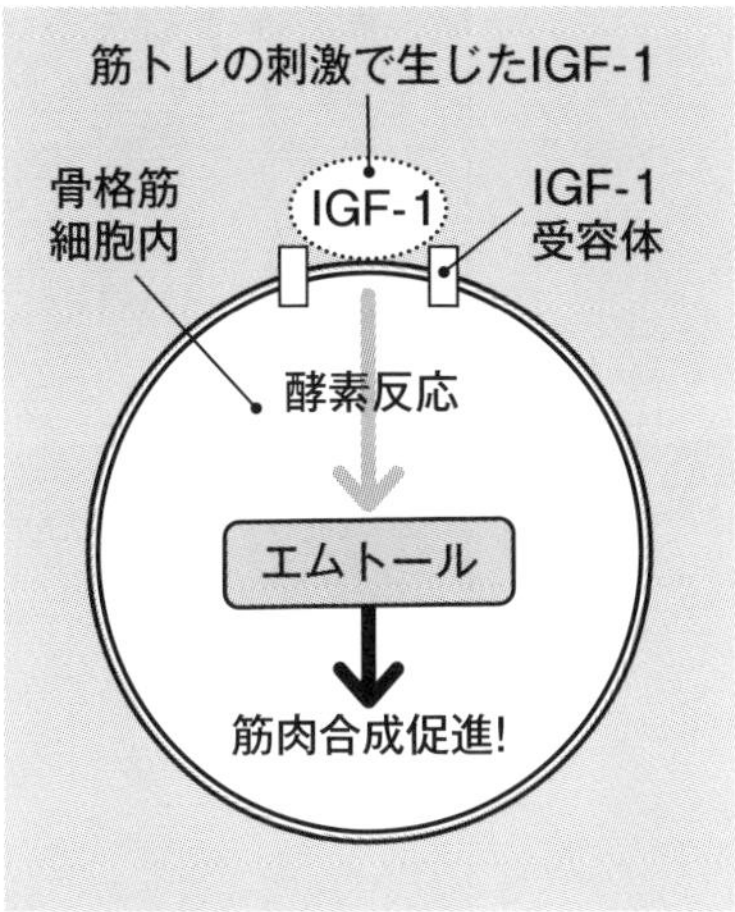

IGF-1が最初のスイッチとなり、受容体からIGF-1を取り込んだ筋肉内で各種酵素が活性化する反応が連鎖的に起こる。最終的にエムトールが活性化されて筋肥大の最終スイッチが押されることになるのだ。

理論編
15

筋トレをやりすぎるとパワーが衰えることもある

理論編10（32ページ）で筋肉には遅筋と速筋の2種類があり、それらのブレンド率には先天的な個人差があること、とはいえ運動によって後天的なブレンド率が変わる可能性があることを述べました。

ここではもう少し詳しく、遅筋と速筋について解説することにします。

生化学的には遅筋の線維はタイプⅠ、速筋の線維をタイプⅡといいます。**遅筋はタイプⅠの1種類のみですが、速筋のタイプⅡには純然たる速筋のタイプⅡxと、やや持久力に長けたタイプⅡaという派生型（サブタイプ）があります。**

遅筋は赤っぽく見えるところから赤筋、速筋は白っぽい外見から白筋とも呼ばれます。となると、速筋のタイプⅡxは「白筋」ですが、タイプⅡaは「ピンク筋」といったところでしょうか。

こうした筋肉の質は運動刺激によって変わっていきます。たとえば800メートル走の選手の脚の速筋の多くが、最初はタイプⅡxで占められていたとします。800メートルという中距離をスピーディに走り切るためには瞬発力に長けた筋肉がある程

筋線維のタイプ

	収縮速度	ミオグロビン量	ミトコンドリア量	色
タイプⅠ（遅筋）	遅い	多い	多い	赤
タイプⅡa（速筋）	やや速い	中間	中間	ピンク
タイプⅡx（速筋）	とても速い	少ない	少ない	白

遅筋はタイプⅠの１種類、速筋は持久力の高い順からa、xの2種類に分類される。ミオグロビンは酸素分子を貯蔵する色素タンパク質、ミトコンドリアは酸素を介してエネルギーをつくり出す器官のこと。

度必要だからです。

同じ選手が1万メートル走に転向したとします。すると、速筋の中にタイプⅡaの割合が増えていきます。800メートル走の10倍以上の持久力が必要になってくるからです。

さらに、マラソンに移行した場合は、速筋の多くがタイプⅡaの線維で占められるようになります。長距離選手にとって純然たる速筋は不必要だから、ということはもうおわかりでしょう。

速筋はこのようにトレーニングの質によってどんどん「遅筋化」していくのです。

では、逆に遅筋化した筋肉を瞬発系のトレーニングで「速筋化」できるかというと、今のところ人間では不可能とされています。一度遅筋化した筋肉は、そのままずっと維持されることになります。

筋トレでも、これと同様のことがいえます。**ボディビルダーのように、ひとつの部位を軽い負荷で何種類も何セットも行い、長時間鍛えると、速筋は肥大するものの、同時にどんどん遅筋化していきます。**つまり、見た目にはたくましい筋肉はつきますが、パワー（力×スピード）はあまり養えません。パワーをつけたいという目的でボディビルダーのような筋トレをすると、かえって逆効果になることもある、ということを覚えておいてください。

理論編
16

男性ホルモンは筋肉、女性ホルモンは脂肪でもつくられている

筋トレをすることによって男性ホルモンの分泌が盛んになる。これは運動刺激によって脳から精巣や副腎という内分泌器官に「ホルモンをつくれ」という指令が下るから、というのが定説でした。ただ近年の研究では、これ以外に男性ホルモンの分泌が促される新たなルートが示唆されています。

これまで、男性ホルモンは95％が精巣で5％が腎臓の上にある臓器、副腎でつくられていると考えられてきました。**ところが骨格筋組織においても男性ホルモンがつくられる可能性があることがわかったのです。**

男性ホルモンの総称をアンドロゲン、活性型のアンドロゲンをジヒドロテストステロン（ＤＨＴ）といいます。精巣や副腎でつくられたアンドロゲンは酵素の助けを借りてＤＨＴに変換され、そこではじめて男性ホルモンの働きを果たすのです。

マウスを使った実験では運動刺激によってＤＨＴ合成酵素が増加し、骨格筋で局所的に男性ホルモンがつくられると報告されています。**脳からの指令を介さずに、筋トレによって活性型の男性ホルモンがつくられる可能性があるというわけです。**男性ホ

ルモンはアナボリック・ホルモン。自らを育むホルモンを自前でつくり出す能力が、筋肉に秘められているかもしれません。

一方の女性ホルモンもまた、卵巣と副腎のみが分泌器官ではありません。体脂肪の脂肪細胞からも分泌されていることがわかっています。脂肪細胞には脂肪酸を燃やす褐色脂肪細胞と中性脂肪の備蓄タンクである白色脂肪細胞の2種類があります。いわゆる「体脂肪」は、後者の白色脂肪細胞を指します。この**白色脂肪細胞に女性ホルモンのエストロゲンの前駆体をエストロゲンに変換する役割があるのです。**

ところが、中性脂肪を溜め込んでいない白色脂肪細胞には、こうした変換機能がありません。このため、女性が過度にやせすぎると女性ホルモンの分泌が減り、月経不順などのさまざまなトラブルが引き起こされます。

エストロゲンには血管を柔らかくしたり血圧を下げたり骨を強化するといった重要な働きがあります。エネルギー不足で体脂肪量が少ない女性アスリートに疲労骨折が多く見られるのは、エストロゲンのサポートが得られないことが理由のひとつです。もちろん、一般女性でも過度なダイエットは百害あって一利なしということです。

筋トレによる男性ホルモンの産生

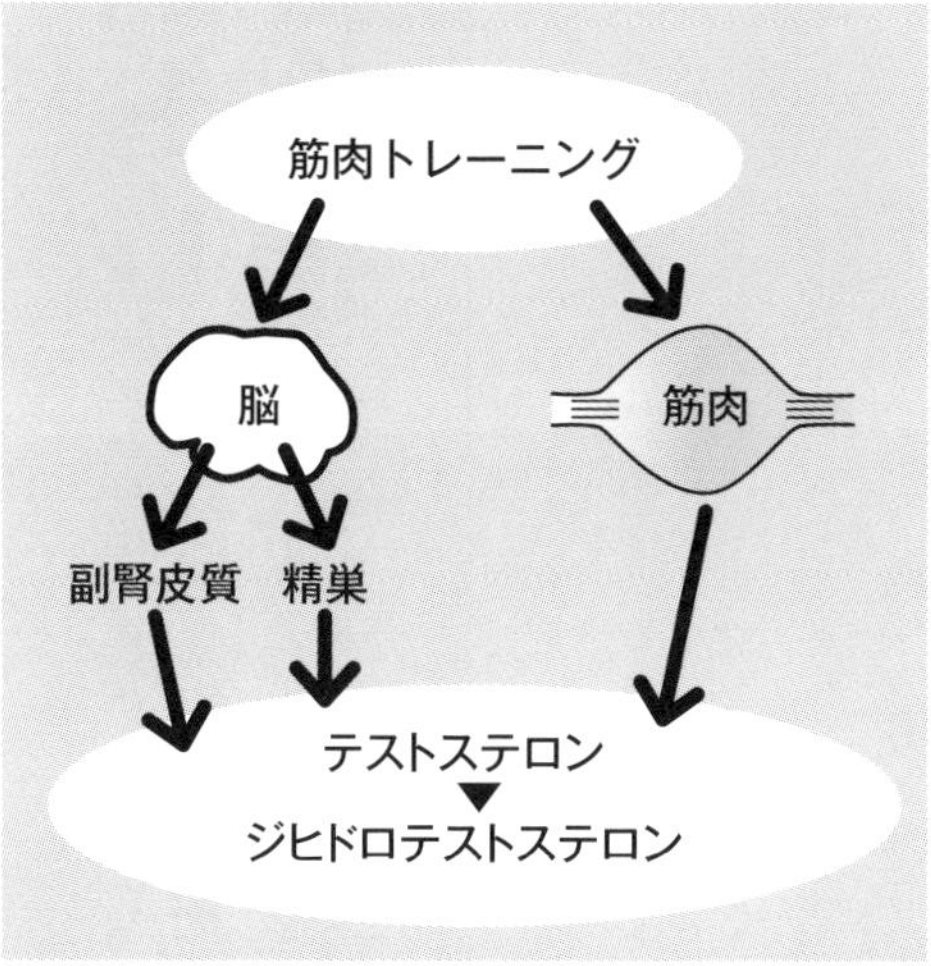

体重の約40%を占める骨格筋からさまざまな生理活性物質を分泌することが、近年わかってきた。最新の研究では脳を介さず、骨格筋の局所で男性ホルモンが産生・分泌される可能性が示唆されている。

理論編
17

筋トレを続けていると圧電効果で骨が強くなり、骨粗しょう症が防げる

筋トレが強化するのは筋肉だけではありません。筋トレは骨もまた強くします。

中高年になると骨粗しょう症の予備群が増えてきます。**骨がスカスカになって骨折しやすくなるのが骨粗しょう症。骨粗しょう症は骨の老化そのものですが、筋トレは筋肉を鍛えるだけではなく、骨を強くして骨粗しょう症を防ぐ働きもあるのです。**

まずは骨についておさらいしましょう。

骨は人体のフレームの役割を担っており、建物でいうなら構造材に相当します。

骨のつくりは、タンパク質からつくられた線維状の基本構造に、カルシウムやマグネシウムといったミネラルが硬く結晶したもの。建物の柱にたとえてみると、タンパク質が鉄筋であり、ミネラルがコンクリートに相当します。

骨も筋肉や皮膚と同じように新陳代謝しています。破骨細胞が骨を少しずつ分解し、その分を穴埋めするように骨芽細胞が骨を合成しているのです。これを骨のリモデリング（再構築）といいます。

加齢とともに破骨細胞による分解が優位になり、骨芽細胞による合成が抑制される

ようになります。こうしてリモデリングが乱れた結果、骨に結晶しているミネラル分である骨量が減り、骨がもろくなって、骨粗しょう症になるのです。

骨粗しょう症の診断は整形外科で行いますが、自覚症状としては弱くなった骨が圧迫され、微細な骨折をして身長が縮む、背中が曲がって姿勢が悪くなるといったチェックポイントがあります。

骨粗しょう症予防のためには、カルシウムやマグネシウムなどのミネラルの摂取が有効だといわれています。確かに日本人はカルシウムとマグネシウムが不足しがちですが、ミネラルをいくら摂ってもそれだけではダメ。**摂ったカルシウムなどが骨にスムーズに摂り込まれるには、運動による刺激が欠かせないのです。とくに筋トレやランニングで骨に圧力をかけると、骨がマイナスの電位を帯びる圧電効果が起こり、プラスの電位を帯びたカルシウムが骨に定着しやすくなります。また、筋トレによって分泌される成長ホルモンを介して生じるIGF-1は、骨も成長させてくれます。**もちろん、肉や魚などからの骨の材料となるタンパク質の摂取も必要です。

ことに女性は、45歳から55歳の間で閉経を迎えると骨粗しょう症にかかりやすくなります。女性ホルモンには破骨細胞による分解を抑えて骨芽細胞による合成を促し、骨のリモデリングを正常化する働きがあります。閉経で女性ホルモンが減ると、男性より小柄で骨量が少ない分、骨粗しょう症になりやすいのです。

日本の骨粗しょう症の患者は1100万人ほどですが、その8割は女性。骨粗しょう症による骨折は要支援・要介護の引き金となり、健康寿命を縮めます。男性も女性も筋トレで骨を強くしましょう。

理論編
18

筋トレの成果が出るまで2か月。それまで途中で諦めない

どんな優秀なパーソナルトレーナーがついたとしても、トレーニングは1日や2日で成果は望めません。

とくに**「筋肉とローマは1日にしてならず」であり、筋トレをしても、筋肉が明らかに肥大するまでには、週2回ペースでトレーニングをしても2か月ほどかかります。**その事実を知らないと、始めて数週間で「やっているのに効かない！」と誤解してトレーニングを諦める恐れがありますから、注意してください。

筋トレを始めると数日でも負荷を強くすることができます。同じフォームでもできる回数が増えたり、ダンベルでのトレーニングならより重たいウエイトで筋トレが行えたりするのです。でも、これは筋肥大によるものではありません。

筋トレを行うと最初に起こるのは、神経系の適応です。前述のように筋肉を構成する筋線維の動きは運動神経によってコントロールされていますが、運動に運動神経が適応していないと十分な筋線維を動員できません。でも、**何回か筋トレをしているうちに運動神経がその動きを覚えて、より多**

くの筋線維を動員できるようになります。

多くの筋線維を同時に使うほど、大きな力が出せるため、神経系の適応が起こると、少しずつ回数やウエイトが増えるのです。

ただし、神経系の適応が起こっている間に筋肥大がまったく進んでいないわけではありません。**ミクロのレベルでは、1回の筋トレでも筋肥大は起こっています。でも、ミクロの筋肥大がマクロになり、明らかに大きくなったと自覚できるようになるまで、2か月ほどかかるのです。**

筋肥大が自覚できたら、「効果が出ているから頑張ろう」とやる気になれます。それまでは筋トレの結果ではなく、プロセスに目を向けます。スケジュール帳やカレンダーなどに行った種目や回数を記録するのです。これは「行動モニタリング」と呼ばれるやり方。最新の心理学では、自らの行動をセルフモニタリングして、**自分の頑張りを〝見える化〟することは、モチベーションを高めることがわかっています。**ポイントカードにポイントがたまると嬉しくなるように、**スケジュール帳やカレンダーに、サボらないで筋トレを行っている記録を自ら残していくと、嬉しくなって運動への意欲が維持されるのです。**

筋力増加への筋肥大と神経適応の寄与率

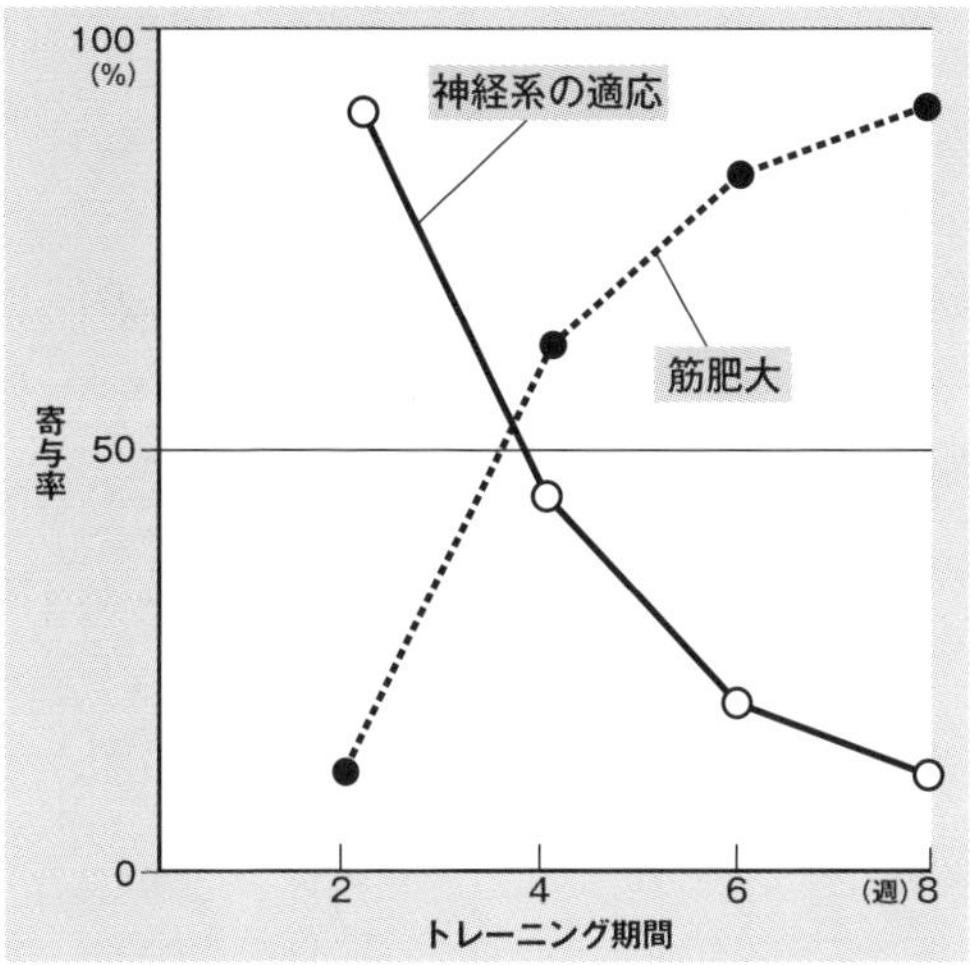

8 週間の筋力トレーニングにおいて、筋力増加に対する筋肥大と神経系適応の寄与率を比べたグラフ。4 週間までは神経系適応が寄与し、それ以降は筋肥大が寄与する。Moritani,deVries,1980 より

理論編
19

筋トレをすると脂肪を燃やす脂肪細胞が増えてやせる

贅肉の正体である体脂肪は、体内では脂肪細胞に収められています。この**脂肪細胞は蓄積した体脂肪で白っぽく見えるため、白色脂肪細胞とも呼ばれます。ところが、体内には同じ脂肪細胞でも、褐色に見えるタイプもあります。これが褐色脂肪細胞。褐色脂肪細胞の働きはなんと体脂肪の蓄積ではなく、正反対の燃焼。**ＵＣＰ１という特殊なタンパク質が備わり、ＵＣＰ１が体脂肪を空焚きして熱に変えるのです。

褐色脂肪細胞には、筋肉と同じように熱で体温を保つ働きがあります。赤ちゃんは筋肉が少ないので、体温を保つために褐色脂肪細胞が大活躍しています。しかし、大人になると筋肉が熱をつくるようになるため、褐色脂肪細胞は減ってしまいます。

褐色脂肪細胞を活性化して増やせたら、体脂肪が燃えてやせられます。そのために役立つのが筋トレ。**筋トレで刺激すると、筋肉から「イリシン」というホルモンが分泌されます。このイリシンは白色脂肪細胞に働きかけて、褐色脂肪細胞のように体脂肪を燃やす性質に変えるのです。**これも筋トレでやせる理由のひとつです。

02

正しい
筋トレ方法を
科学する

実践編

実践編
01

筋トレの負荷は、重すぎても軽すぎてもダメ。6〜12回で限界の負荷がベスト

筋トレは、負荷の設定次第で効果が大きく変わります。筋肉を効率的に大きくしたいなら、一度に6回から12回しか反復できない負荷がベストです。

筋トレの負荷の設定には、1RMという単位が用いられます。

RMとは「Repetition Maximum」の頭文字をとったもの。和訳では「最大反復回数」であり、1RMとは1回しかできない負荷を意味します。

効率的に筋肥大させるには、経験的に1RMの70〜85%くらいの負荷を選ぶのが最適だとわかっています。70%は12回しか、85%は6回しか反復できない負荷です。

12回より多くできる軽い負荷では、筋持久力のトレーニングに、そして6回未満の重い負荷では最大筋力を高めるトレーニングになるのです。

1RMの70〜85%というとかなりの負荷です。なぜこれほどの負荷が必要かというと、それは筋肉が遅筋線維と速筋線維から構成されているからです。

繰り返し触れているように筋肉は筋線維からなり、筋線維には持久力に優れた遅筋

線維と瞬発力に優れた速筋線維があります。このうち、筋トレを行うと太くなりやすいのは速筋です。

通勤や家事といった日常生活では、筋肉が持っているポテンシャル、つまり1RMの30％未満ですべてがまかなえています。言い換えると日常生活で使っている筋線維は大半が遅筋なのです。

遅筋だけをいつまで使っていても、思ったような筋肥大は起こりません。そこで大切なのが、筋トレによる負荷の上乗せというわけです。

一度に6回から12回くらいしか反復できないくらいまで負荷を上げると、非力な遅筋では耐えられなくなります。そこからは、力持ちの速筋の出番。このように遅筋→速筋という順番で多くの筋線維が動員されるしくみをリクルートメントといいます。リクルートメントが起こるとようやく速筋に刺激が入り、筋肥大がスタートするのです。

ただし負荷が重いとフォームが崩れやすくリスクも上がります。少し余力を残しても効果はあまり変わらないので、14回しかできない重さで12回から開始して徐々に負荷を上げ、最大でも8回しか反復できない重さで6回行うことをおすすめします。

運動負荷と筋線維のリクルートメント

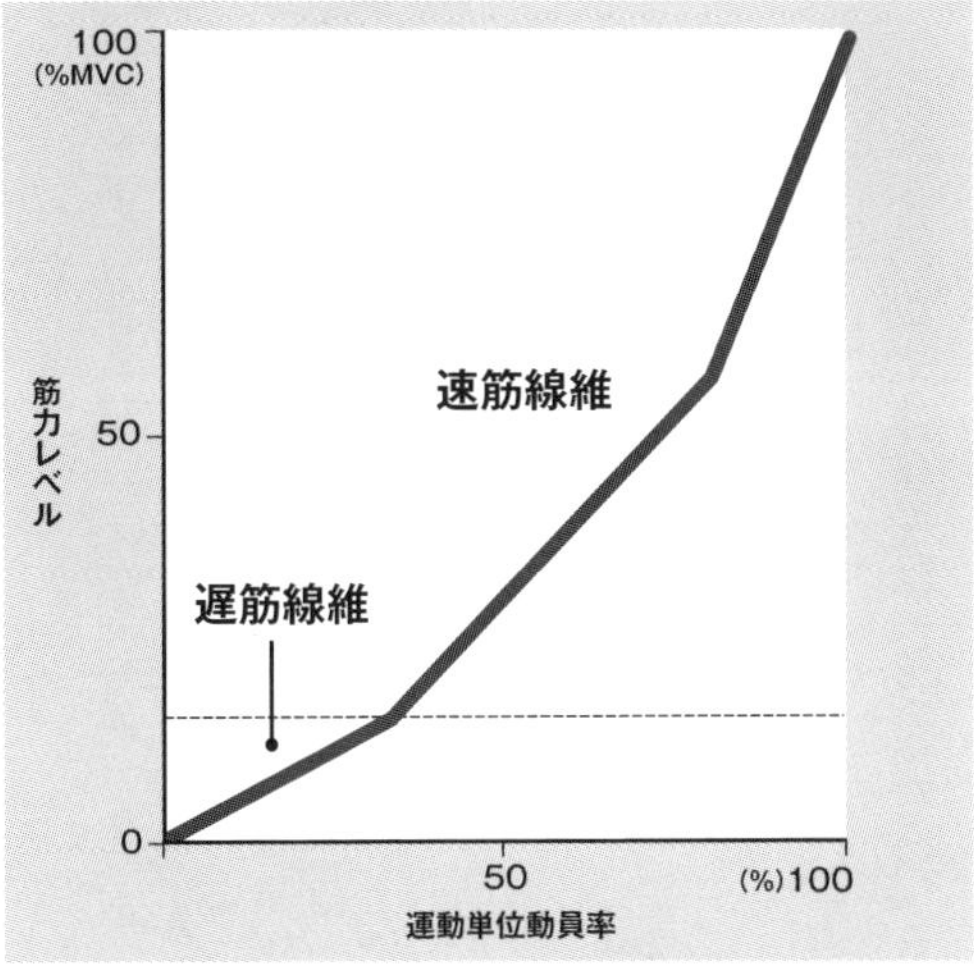

筋トレで肥大するのはもっぱら速筋線維だが、筋肉は遅筋線維から先に使われるという特性がある。筋肉を大きくするには速筋線維に動員をかける必要があるため、重たい負荷をかけなくてはならないのだ。

実践編
02

1セットでやめると筋肉は大きくならない。3セットは続けるべきである

一度に6回から12回しかできない重さで頑張ってトレーニングしたら、1セットだけでギブアップしてやめないでください。そのまま休息をはさみながら3セットほど続けるのが効果的なのです。

1セットでやめてしまうと、筋肉は肥大しにくいことがわかっています(59ページグラフ参照)。せっかくやる気になってトレーニングを始めたのですから、1セットで終えるのはもったいないのです。

筋トレの経験がないと「1セット目で限界までやったのだから、2セット目なんてできないのでは?」と疑問に思うかもしれませんが、そんなことはありません。しばらく休むと筋肉が疲労から回復して、また同じようにトレーニングが行えます。なぜなら1セット目には使われずに休んでいた筋線維が動員されてくるからです。

筋肉を構成している筋線維はつねにその全部が働いているわけではありません。**どの筋線維をどのくらい使うかは運動神経が決めていますが、運動神経は筋肉が収縮するたびに動員する筋線維を変えています。工場やコンビニがスタッフのローテーショ**

ンを組むように、特定の筋線維に負担が集中することを避けるためです。毎回同じ筋線維ばかりを使っていたら、そこにストレスが集中して壊れる恐れもあるのです。

さらに細かく見てみると、同じセット内でも働いている筋線維の顔ぶれは毎回異なります。つまり1回目と2回目では違う筋線維が動員されているのです。

1セット目に動員された筋線維をまとめてチームAと呼ぶとすると、2セット目ではチームA以外の筋線維が主役となって働きます。これをチームBと呼びましょう。そして3セット目になるとチームAでもチームBでもない、チームCの筋線維が動員されるようになります。

女性アイドルグループと同じようにチームA、B、Cのメンバーは一部重複していますが、こうやって**3セットほど続けると、狙った筋肉を構成している筋線維をほぼまんべんなく刺激することができます。筋肥大は筋線維の肥大にほかならないので、できるだけ多くの筋線維を刺激した方が効率的に筋肉は成長しやすいのです。**3セット終えても十分な余力があれば、4セットやってみましょう。

全く余力を残さずに鍛えていると、1セット目では12回できたとしても、2セット目では10回か9回でギブアップするかもしれません。そして3セット目は8回やるのがやっとでしょう。筋線維の顔ぶれが変わるといっても、なかには重複して動員されるメンバーもいますから、セットが進むにつれて筋肉全体に疲労が蓄積するのです。

ですから、すべてのセットで同じ回数をこなそうと無理をしなくてもOK。回数にこだわるとフォームが崩れてしまい、ターゲットとする筋肉にうまく効かせられない恐れもあります。

実践編
03

25回以上できる軽い重さでも、筋肉は成長するとわかった

筋肥大には1RMの70～85％という重たい負荷が必要だといわれても、そんなに重たいものを必死になって持ちたくないという人もいるでしょう。そんなタイプに朗報です。最近になって、**より軽い負荷を使った筋トレでも、やり方次第では筋肉を成長させることがわかったのです。**

軽い負荷とは、具体的には1RMの30％、つまり一度に25回から28回ほどできる重さ。つまり半分以下の低負荷トレでも、1RMの70～85％と変わらない筋肥大が起こる事実が明らかになったのです。

従来、1RMの30％程度の低負荷トレは、筋肉を動かし続ける筋持久力の養成に有効だとされてきました。ゆえに筋肥大に関する効果を確認する研究はほとんどなかったのですが、高齢者のように重たい負荷を扱うのが難しい人も健康づくりのために筋トレを行う機会が増えてきたため、改めて低負荷トレの効果が検証されました。その結果、筋肉へのタンパク質合成を促すエムトール（mTOR）というマーカーが高負荷トレ時と同じように増え、高負荷トレと同等の筋肥大が起こると確認されたのです。

低負荷でも高負荷と同等の効果がある

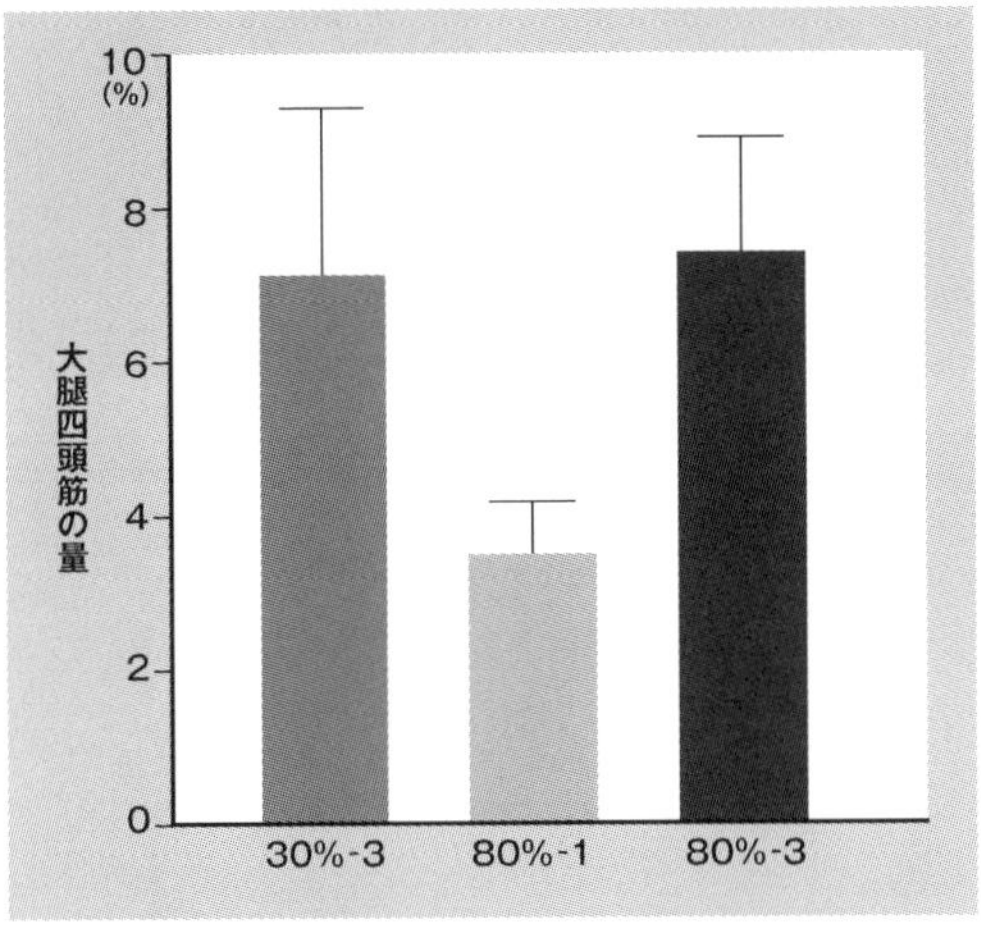

太腿前側の大腿四頭筋の筋トレを10週間続け、30%1RMで3セット、80%1RMで1セットと3セットの3群で比べると80%1RMで1セットの効果は最低で、30%1RMで3セットと80%1RMで3セットの筋肥大効果は同等。
Cameron J.Mitchell et al.,2012

低負荷トレで筋肥大を起こす条件は「オールアウト」するまで続けること。「オールアウト」とは疲労困憊という意味があり、筋トレでは正しいフォームでできなくなるまで追い込むことをいいます。1セット目で25回から28回でオールアウトしたら、2セット目は20～22回ほどでオールアウトするでしょう。そして3セット目はおそらく14～16回やるのが、やっと。このように筋肉が疲労困憊するまで追い込めば、低負荷でも筋肉は大きく育ってくれるのです。

　筋肥大に高負荷が必須だと考えられてきたのは、高負荷でないとパワフルで肥大しやすい速筋が動員されないからでした。けれど、**低負荷でもオールアウトまでやり続けると、遅筋だけでは持ちこたえられなくなります。遅筋と速筋は同じ筋肉内にパッケージされた運命共同体ですから、隣で遅筋がバテているのに速筋は見て見ぬ振りをするわけにはいかなくなり、助っ人として運動に参加します。かくして低負荷でも速筋が動員されると、筋肥大が起こるのです。**

　高負荷で行うオーソドックスな筋トレだと短時間ですみますが、低負荷でオールアウトさせるとそれだけ時間がかかります。自分に合う方法で鍛えてください。

実践編
04

セット間に休みすぎてはいけない。30～90秒と短くするのが効果的である

筋トレでは、セット間の休息をインターバルといいます。このインターバルのとり方でもトレーニングの効果は変わります。短すぎても長すぎてもダメ。30秒から90秒、平均60秒が最適なのです。

筋トレでは、すべての筋線維を完全に疲労させるのが理想。それが26ページで紹介した「超回復モデル」による筋肥大への近道だからです。インターバルの間に筋肉は疲労から回復しますが、まだ疲労が若干残っているうちに次のセットを行い、これを波状的に3セット行うことで筋線維の大半を徹底的に疲労させるオールアウトが可能になるのです。

筋肥大を起こすサインには、38ページで触れたテストステロンに代表されるアナボリック・ホルモン以外にも、筋トレによる疲労に伴って筋肉内に蓄積する代謝産物があります。**若干の疲労を残してショートインターバルで次のセットを行うと、代謝産物が完璧に除去される時間的な余裕がなくなります。すると脳に「筋肉にかなりのダメージが及んでいるようだから、疲労を回復させて強化しよう」というシグナルが伝**

わり、**筋肥大をアシストする体内環境が整えられるようになります。**

インターバルが長すぎると筋肉が疲労から完全に回復しているので、3セットやっても筋肉がオールアウトしてくれません。代謝産物も跡形なく処理されているので、脳に筋肥大を促すサインも伝わりにくくなります。また、せっかく温まった筋肉が冷えてしまうため、大きな筋力を発揮しにくくなります。さらに、インターバルを長くするほどトータルのトレーニング時間も長くなり、集中力が低下します。

かといってインターバルが短すぎると、次のセットが行えるまで筋肉が回復してくれません。無理に次のセットをやろうとすると疲労からフォームが乱れてしまい、鍛えたい筋肉に思い通りの刺激が入らなくなります。そこでインターバルは短すぎず、長すぎない平均60秒が好適。スマートフォンのストップウォッチ機能などを使い、インターバルをきちんと計りながらエクササイズしてください。

インターバルの間はぼーっとしないで、ゆったりした呼吸で乱れた息を整えます。そして前のセットの内容を思い浮かべて、フォームが間違っていないかどうかを頭の中でチェックしながら、次のセットに向けて心身の準備を整えていきます。

トレーニングを始めたばかりの頃は平均60秒のインターバルだと「短すぎる！」と感じるかもしれません。そんなときは最大120秒ほどまで長めのインターバルをとってもOKです。そこから少しずつインターバルを短くしていって、平均60秒前後のインターバルでテキパキとトレーニングが行えるようにしてください。ショートインターバルだと、全体のトレーニング時間が短くなるというメリットもあります。

実践編

05

筋トレは戻すときにゆっくり時間をかけるだけでも劇的に効果が出る

筋トレの極意はつねに力を抜かないで、動きを完璧にコントロールすること。とくに筋肉でブレーキをかけながら動くときにゆっくり時間をかけると、筋肥大が加速します。その理由を説明しましょう。

筋トレには、ダンベルや自体重のような負荷と筋肉が発揮する筋力との力関係により、3つの局面があります。手にしたペットボトルなどを肘を固定して引き上げるアームカール（95ページ参照）を例にとります。

アームカールで肘を曲げてボトルを引き上げるときは、筋肉（この場合は上腕前側の上腕二頭筋）が短くなりながら、負荷を上回る筋力を発揮しています。負荷＜筋力だからこそ、ボトルが上がるのです。このように筋肉が短くなりながら、負荷を上回る力を出している局面を「短縮性筋収縮（コンセントリック・コントラクション）」と呼びます。通称コンセントリックです。

次に肘の角度を一定に保ったままボトルを持ったときには、負荷と筋力が釣り合っています。負荷＝筋力なので前腕を同じ位置で支えられるのです。このとき筋肉はその長さを変えることなく、筋力を発揮していますこのように筋肉が長さを変えないで、負荷と同じ筋力を発揮する局面を「等尺性筋収縮（アイソメトリック・コントラクション）」といいます。通称アイソメトリックです。

　さらに肘を曲げた状態から、ゆっくりボトルを下げるときは、縮んだ筋肉が元の長さまで伸びながら、負荷を下回る筋力を発揮しています。負荷＞筋力だから、ボトルは重力によって床に近づくのです。このように筋肉が伸びながら、負荷を下回る筋力を発揮する局面を「伸張性筋収縮（エキセントリック・コントラクション）」といいます。通称エキセントリックです。

コンセントリック
負荷<筋力であり、筋肉が縮みながら筋力を発揮している。短縮性筋収縮。

アイソメトリック
負荷=筋力であり、筋肉がその長さを変えずに力を出力している。等尺性筋収縮。

エキセントリック
負荷>筋力で、縮んだ筋肉が元の長さに伸ばされながら筋力を発揮する。伸張性筋収縮。

　筋力は動員される筋線維の数で決まりますが、この3つの局面で最も動員される筋線維が少ないのは、エキセントリック。少ない筋線維にコンセントリックと同じ負荷がかかるので、1本1本の筋線維に加わる負荷は大きくなり、それだけ強く刺激できるので筋肥大は起こりやすいのです。

　エキセントリックではどうしても力を抜いてしまいがちですが、そうならないように、筋肉でブレーキをかけながらゆっくり動かすのが効果を高めるコツなのです。

実践編
06

従来の筋トレの概念を覆すエキセントリック運動の可能性

近年、運動生理学のフィールドで注目を浴びているのがエキセントリック運動です。

これまでの筋トレではウエイトを持ち上げるコンセントリックが重視されていました。ところが、**ウエイトをゆっくり下ろすエキセントリックを集中的に行うことで、より効率よく筋力の増強、筋肥大効果が望めることがわかってきたのです。**

現在、多くのエキセントリック運動に関する研究結果が世界中で報告されています。これらの研究のパイオニアのひとりがオーストラリア、エディスコーワン大学の野坂和則教授です。

エキセントリック運動ではコンセントリック運動に比べて最大で1・5〜2倍の力が出せることが明らかにされています。また、低強度の負荷のトレーニングでもエキセントリック運動はコンセントリック運動に比べて、より筋力や筋肉量が増すことが報告されています。

筋肉を採取して調べる研究では、筋タンパクの合成を促すエムトールの活性はコンセントリックに比べてエキセントリックの方が高いことも示されています。

登山や階段でいうならコンセントリックは上り、エキセントリックは下りの運動に当たります。上りよりも下りの方が精神的にも肉体的にもラクなことは経験上、誰もが理解できます。筋トレであれば、一生懸命ウエイトを持ち上げるより、ゆっくり時間をかけてウエイトを下ろす方が効率的な筋肥大が実現できることがわかってきたのです。

エキセントリックとコンセントリックの比較

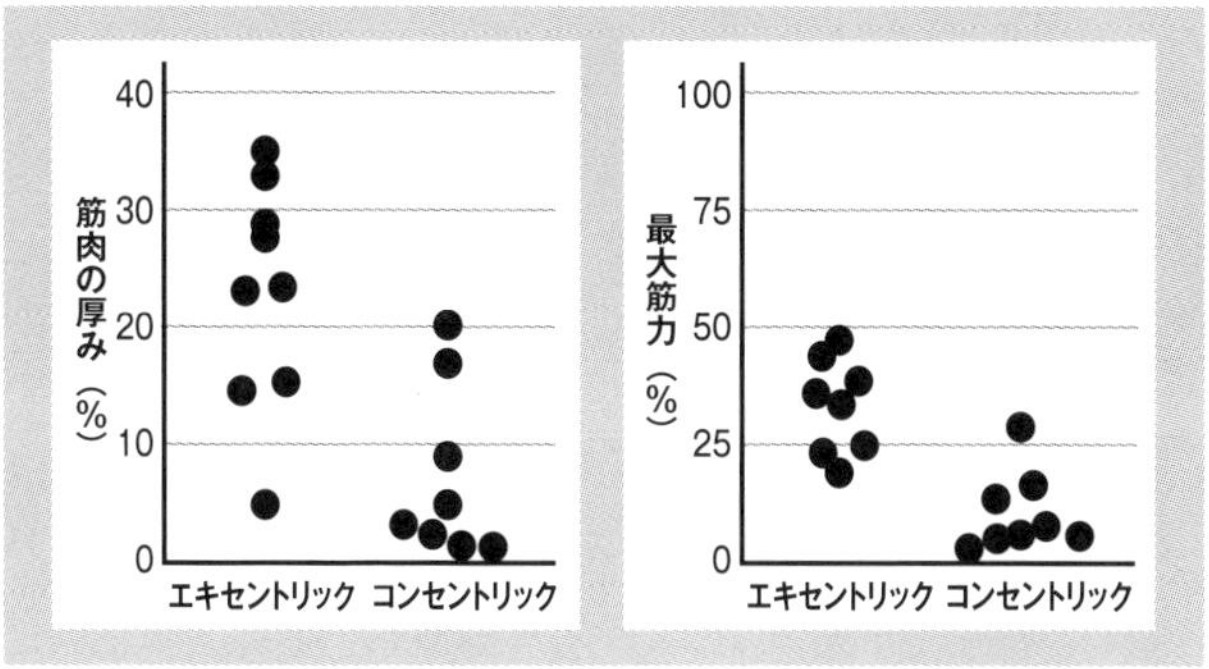

椅子に座るときは自力、立つときは補助をつけたエキセントリックトレーニングと座るときは補助、立つときは自力のコンセントリックトレーニングを８週間行った結果、筋肉の厚みも筋力も前者の方が明らかに増した。
Katsura et al.Eur J.Appl Physiol.2019

トレーニング経験があまりない初心者にとっては、つらく苦しいコンセントリック運動はむしろ制限因子になります。**ならばエキセントリック運動だけを抽出してカラダづくりをする方法もまたあり、ということです。**

筋肥大だけではありません。野坂教授はエキセントリック運動がもたらすさまざまなメリットを紹介しています。**たとえば体脂肪の減少、インスリン感受性の増加、バランス能力の強化、スポーツパフォーマンスの向上などです。**

階段上りと階段下りを行ったふたつのグループを比較した実験では、後者の方が糖代謝や脂質代謝をより改善することもわかりました。前述したように階段上りはコンセントリック、階段下りはエキセントリック運動に当たります。ラクに行えてこれだけのメリットをもたらすエキセントリック運動。その可能性は計り知れません。

自体重を負荷にした筋肉トレで、より効率的に筋肥大が見込めるエキセントリックトレーニングを取り入れる方法は簡単です。

最も基本的な腹筋運動、クランチを例にとってみましょう。クランチで上体を床から上げる動作はコンセントリック、上体を床に下ろす動作がエキセントリックです。

通常、クランチを行うときは1秒で上体を上げ、1秒かけて下ろします。よりエキセントリック動作を強調したいなら、1秒で上体を上げ、3〜5秒かけてゆっくり下ろす。これだけです。

胸を鍛えるプッシュアップの場合は、胸を床に近づけるエキセントリック動作を3〜5秒かけて行い、肘を伸ばすコンセントリック動作を1秒で行います。

こうした秒数のコントロールでエキセントリックの効果を高めることができます。

通常のクランチ

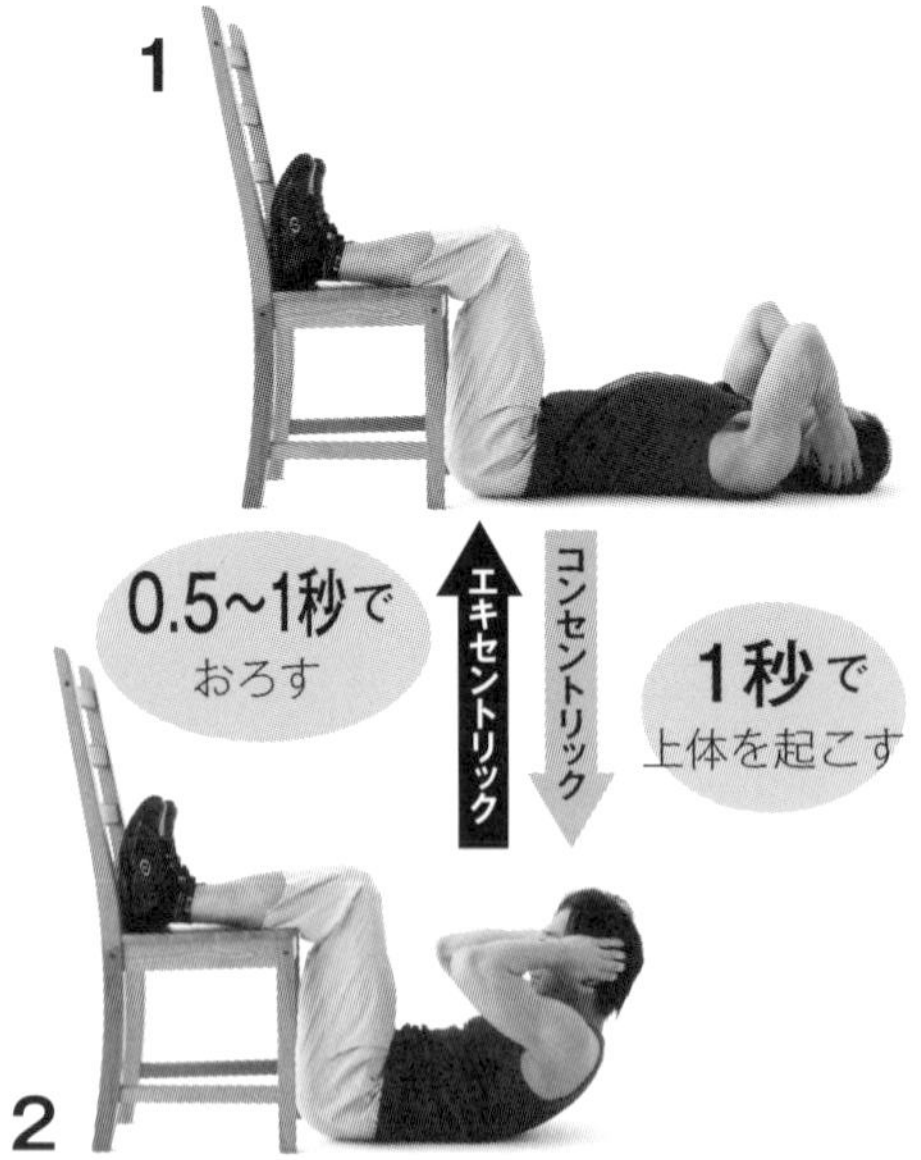

通常のプッシュアップ

エキセントリックを強調したクランチ

エキセントリックを強調したプッシュアップ

実践編

07

負荷は少しずつ増やし続けないと、筋トレ効果は頭打ちになる

王道の筋肥大トレは1RMの70～85％で行います。最初は「つらすぎて無理！」と思うくらいの高負荷ですが、しばらくすると当初よりもラクに感じます。神経系の適応が起こって必要な筋線維が動員できるようになり、しばらくすると筋肥大も本格化して筋力が向上するからです。

その先で忘れてはならないのは、負荷をプラスし続けるという発想。

筋トレの鉄則のひとつに「過負荷の原理」があります。これはつねに通常のレベル以上の負荷（オーバーロード）を与え続けるからこそ、トレーニングの効果が得られるというルールです。神経系の適応や筋肉の成長が起こると、より高負荷に耐えられるようになり、1RMも当然変わります。その結果、**いつものエクササイズがラクに感じるのですが、そのまま筋トレを続けると相対的に負荷が下がり、「過負荷の原理」に反します。つねに負荷を上乗せしないと筋肉の成長はストップするのです。**

「過負荷の原理」に沿って正しく鍛えるには、筋肉の成長と筋力アップに応じて負荷を上乗せすべき。ダンベルやマシンなどを

関節の動きを大きくするほど負荷が強くなる

立った状態から椅子に座るようにお尻を落とすスクワットを例にとる。膝と股関節を曲げる範囲はクォータースクワット→ハーフスクワット→パラレルスクワットの順番に大きくなり、それにつれて負荷もアップする。

用いた筋トレなら重りを増やせばよいのですが、本書で紹介するように道具なしで自らのカラダの重み（自体重）を用いて鍛える場合、ダンベルやマシンのように重りを自由自在に増減できません。自体重トレで1RMの70～85%を保つコツは、動きの範囲とスピードのコントロールにあります。

筋トレでは、狙った筋肉を最大限に伸ばしたフルストレッチの状態から、最大限に縮めるフルコントラクションの状態にするのが理想。筋肉が伸び縮みする範囲（レンジ）が狭いほど負荷が下がり、範囲が広がるほど負荷が上がります。そこで**自体重トレでは狭いレンジから始め、筋肉の成長と筋力の向上に応じてレンジを広くし、最終的にはフルストレッチ→フルコントラクションまでのフルレンジを狙います。**

　さらに筋肉を伸縮させる時間が長くなるほど、より多くの筋線維が動員されるようになります。フルレンジまで来たら、次はできるだけゆっくり動きをコントロール。「コンセントリック1秒→エキセントリック2秒」から始め、エキセントリックの秒数を5秒まで少しずつ伸ばし、1セット当たり6～12回しか続けられない負荷をつねに維持してください。

実践編
08

下半身が最も力持ちだから、筋トレは下半身から始めるのが効率的

体型を保ち、健康を守るために鍛えたい筋肉は14個ほどまで絞られます（28～29ページ参照）。それでも一度に鍛えるのが大変だと思ったら、**まずは下半身の筋トレからスタートさせましょう。「老化は足腰から」と昔からいうように、下半身の筋肉は運動不足でも加齢でも衰えやすいからです。**

下半身には全身の筋肉の60～70％が集中しています。その理由はヒトが直立二足歩行で動き回るから。上半身の重みを受け止めて、姿勢を保って動き回るために、下半身に多くの筋肉が集まっているのです。

上半身の重みを支えるため、下半身の筋肉は他の部位と比べて大きく、パワフルにつくられています。そう聞くと老化などで衰えにくいように思えますが、皮肉なことに強い筋肉が集まっているがゆえに、足腰は衰えやすいのです。非力な上半身の筋肉なら日常生活でもある程度は刺激されますが、強力な下半身の筋肉群はふだんの生活を続けているだけでは刺激が足りないため、弱くなりやすいのです。**筋トレを始めるなら、筋肉の60～70％を占め、しかも衰えやすい下半身からスタートしてください。**

下半身を鍛える4種目

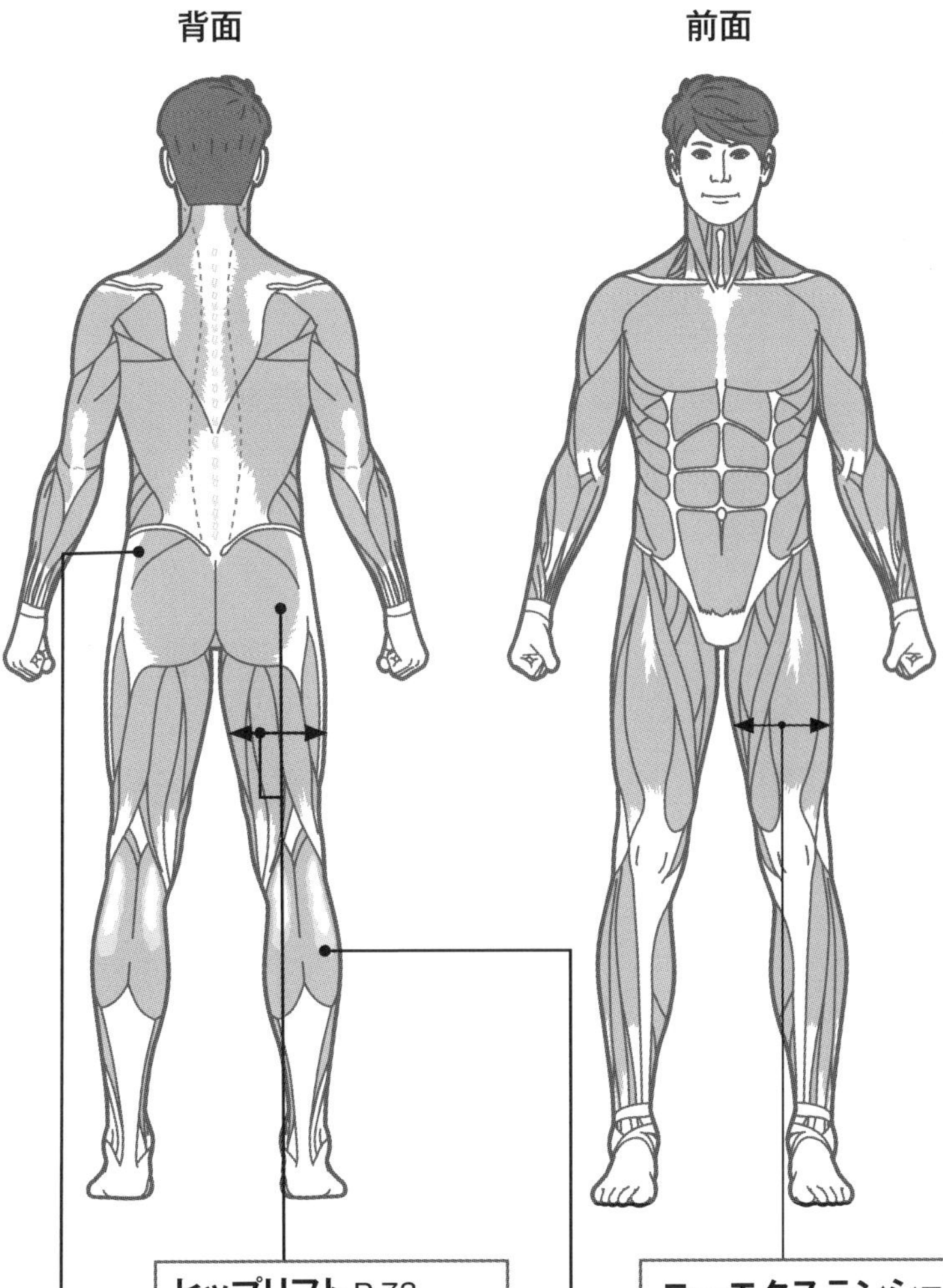

ヒップリフト P.73
お尻（大臀筋）、太腿後ろ側（ハムストリングス）
6〜12回×3セット

ニーエクステンション P.72
太腿前側（大腿四頭筋）
6〜12回×3セット

ヒップアブダクション P.75
お尻の横（中臀筋）
左右各6〜12回×3セット

ヒールレイズ P.74
ふくらはぎ（下腿三頭筋）
6〜12回×3セット

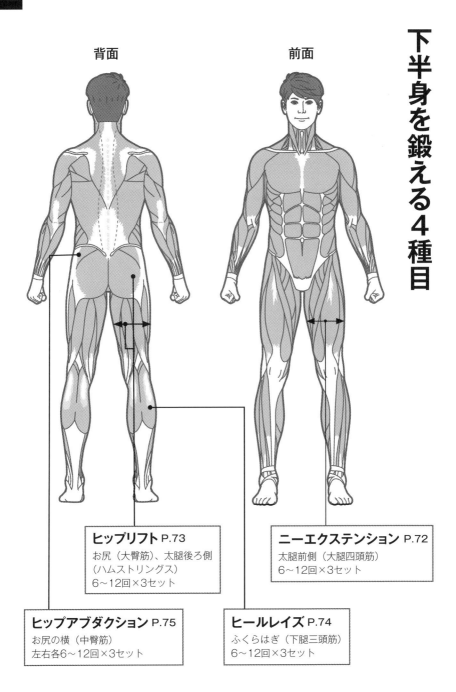

ニーエクステンション

太腿前側（大腿四頭筋）

6〜12回×3セット

1・床に置いたクッションに両膝をついて座る。爪先を立て、足首にお尻を乗せる。両腕を胸で組み、背すじを伸ばして上体を床と垂直に。
2・上体を垂直にキープしたまま、頭から膝までが垂直に並ぶまで膝を伸ばして、元に戻る。

1

吐く
コンセントリック
1秒

吸う
エキセントリック
2〜5秒

2

NG

前傾しながら膝を伸ばすと
太腿の前側に体重が乗らな
くなり、負荷がダウンする。

ヒップリフト

お尻（大臀筋）、太腿後ろ側（ハムストリングス）

6～12回×3セット

1・床で仰向けになり、両膝を腰幅に開いて90度に曲げて立てる。両腕は体側で「ハ」の字に伸ばしておく。
2・膝、腰、お腹、胸、肩が一直線になるまでお尻を床から持ち上げ、元に戻る。手で床を押してお尻を上げないように。

1

2

NG

膝から肩まで一直線に並ぶまでお尻を上げる。腰を反らさないこと。

ヒールレイズ

ふくらはぎ（下腿三頭筋）

6〜12回×3セット

1・椅子の背もたれに両手をついて立ち、1歩分ほど椅子から離れる。両足を腰幅に開いて膝を伸ばし、アキレス腱をしっかり伸ばしておく。
2・頭から足首までを一直線にキープしたまま、踵をできるだけ高く引き上げてから、元に戻る。

1　　2

NG 膝を曲げてしまうと、ターゲットとするふくらはぎの筋肉が刺激できない。

ヒップアブダクション

お尻の横（中臀筋）

左右各6～12回×3セット

1・左側を下にして床に横たわる。左脚を90度に曲げて前に出し、左腕を曲げて頭を乗せる。右脚をまっすぐ伸ばし、右手は胸の前につく。
2・爪先を正面に向けたまま、右脚を45度くらいまで引き上げ、戻す。左右を変えて同様に。

1

2

NG 爪先を上に向けるといくらでも高く上がるが、それではお尻の横に効かない。

実践編

09

腕立て伏せを覚えるだけでも、上半身の筋肉の半分は鍛えられる

下半身から鍛え始めたら、次にターゲットとすべきなのは、どこの部位でしょうか。それは上半身です。

上半身には全筋肉のおよそ25%が集まっています。胸や背中といった上半身の大きなアウターマッスルをトレーニングしてやると筋肥大で代謝が上がり、太りにくい体質が手に入るようになります。

男性の場合はとくに、発達した肩の三角筋と胸で扇形に広がる大胸筋が作る逆三角形の上半身は憧れの的。逆三角形の上半身、通称ギャクサンはスーツもTシャツも似合う体型なのです。

上半身をトレーニングする種目はたくさんありますが、何かひとつに絞るとしたら腕立て伏せ（プッシュアップ）から覚えてください。腕立て伏せでは、ギャクサンをつくるポイントとなる三角筋と大胸筋を一挙に鍛えられます。加えて上腕後ろ側の上腕三頭筋のトレーニング効果もあります。

腕立て伏せさえ覚えていれば、上半身の半分くらいは鍛えられるのです。自宅でも出張先でも限られたスペースで行えますから、早速正しいやり方をマスターしましょう。

上半身を鍛える4種目

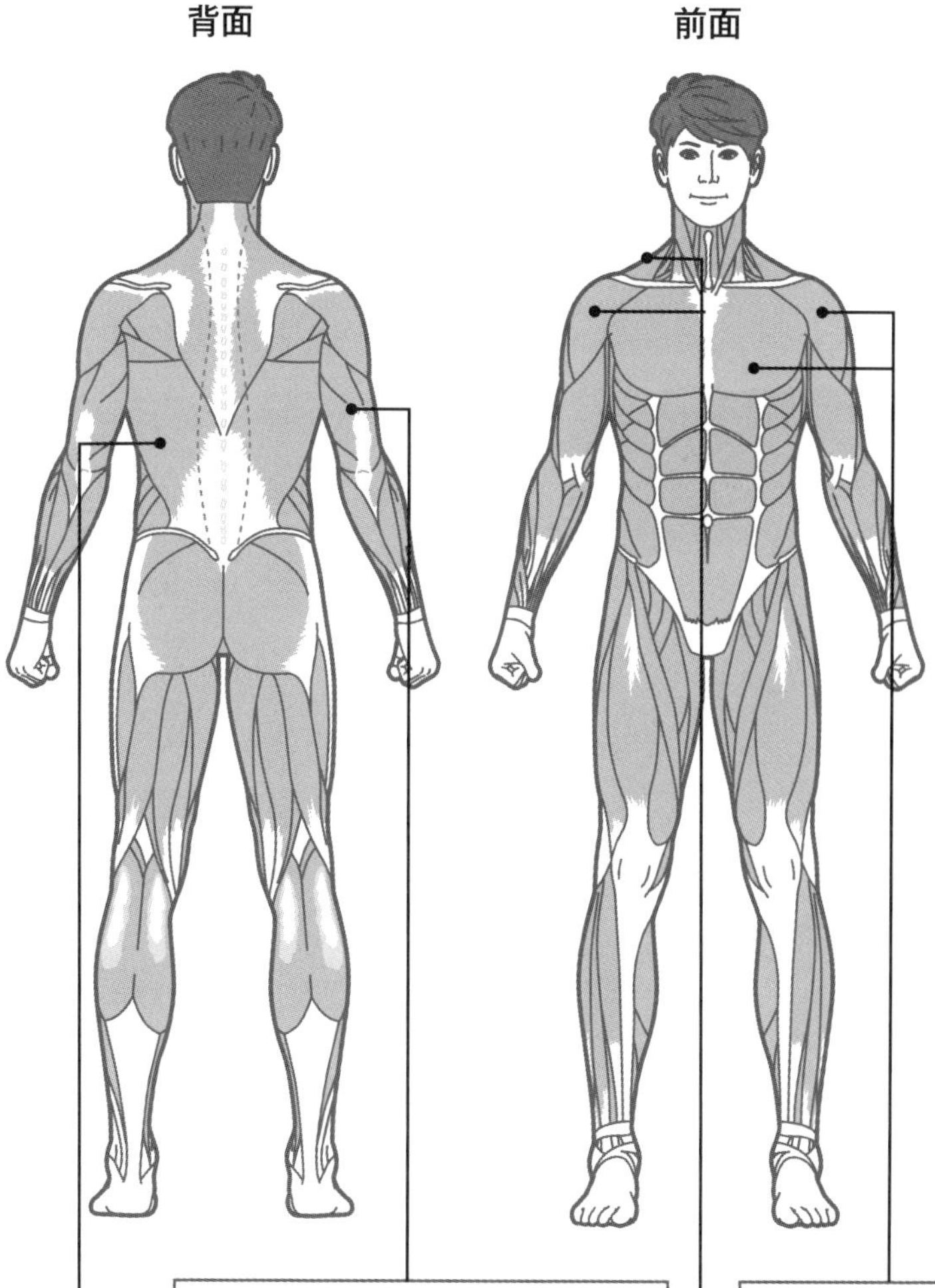

リバース・プッシュアップ P.81
上腕後ろ側（上腕三頭筋）
6～12回×3セット

プッシュアップ P.78
胸（大胸筋）、肩（三角筋）
6～12回×3セット

リバース・プルオーバー P.79
背中（広背筋）
6～12回×3セット

ショルダー・プッシュアップ P.80
肩（三角筋、僧帽筋上部）
6～12回×3セット

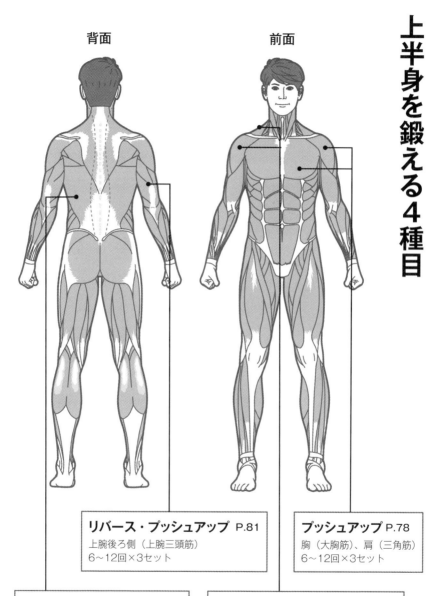

プッシュアップ

胸（大胸筋）、肩（三角筋）

6～12回×3セット

1・両手を肩のラインで床についてうつ伏せになる。両足を揃えてまっすぐ伸ばして爪先立ちになり、頭から足首までを一直線にする。
2・その姿勢を保ち、胸を張ったまま肘を曲げて胸を床に近づけたら、床を押すように肘を伸ばして元に戻る。

OK 両手のスタンスは肩幅の1.5倍。両手を外へ45度開いて、手首の負担を減らす。

リバース・プルオーバー

背中（広背筋）

6〜12回×3セット

1・両手を肩幅に開いて床についてうつ伏せになる。両足は肩幅の1.5倍に開いて爪先立ちになり、頭から足首までを一直線にする。

2・肘と膝を伸ばしたままお尻を高く上げて逆V字をつくり、両手に体重を乗せたまま元に戻る。

NG 膝が曲がって足に体重が乗ってしまうと、背中の筋肉に効きにくい。

ショルダー・プッシュアップ

肩（三角筋、僧帽筋上部）

6～12回×3セット

1・両手と両足を肩幅の1.5倍に開いて床について、うつ伏せになり、お尻を高く上げて逆V字をつくる。手と足の距離が近いほどよい。
2・お尻を高く保ったまま肘を曲げて頭を床に近づけ、床を押して元の姿勢に戻る。頭を床に激突させないように十分に注意して。

NG

お尻は高いポジションに保っておく。お尻が落ちると腕立て伏せになる。

リバース・プッシュアップ

1

上腕後ろ側（上腕三頭筋）

6～12回×3セット

1・椅子の背もたれを壁際で固定。その端に坐骨を乗せて座り、両脚をまっすぐ前に伸ばして足首を曲げ、両手で座面を握る。
2・お尻を座面から前に浮かせ、膝を軽く曲げる。
3・肘が90度に曲がるまで上体を真下に沈め、脇を締めたまま肘を伸ばして元に戻る。

2

3

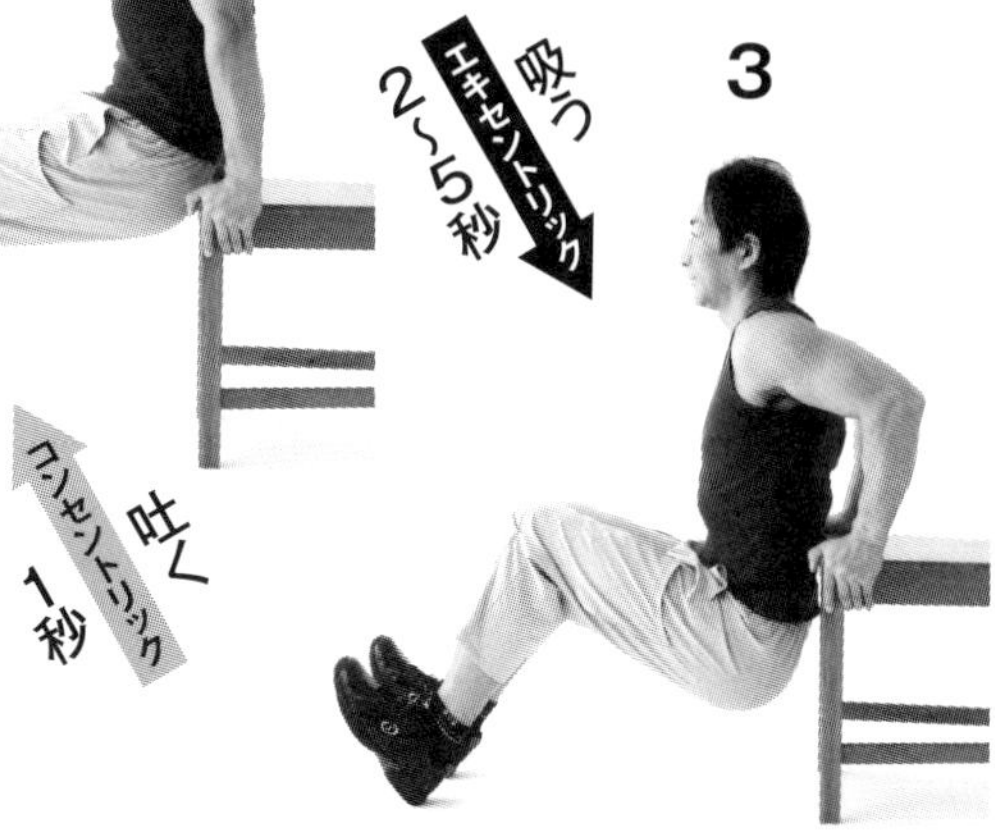

NG 脇を閉じて、椅子から上体が離れてしまうと肩を痛めやすい。

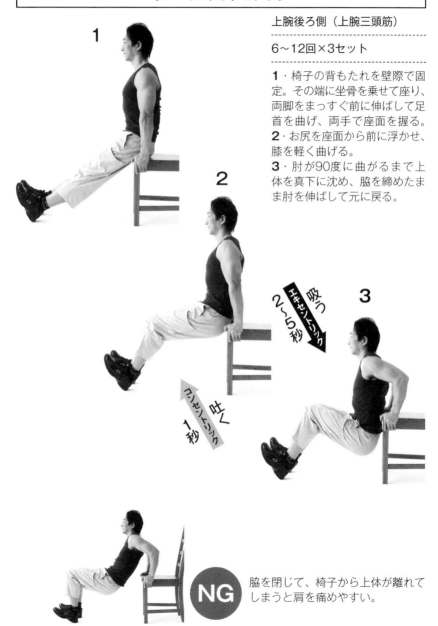

実践編
10

いわゆる腹筋運動でお腹は凹まない。でも奥にある筋肉を鍛えると凹む

体幹にはさまざまな定義がありますが、ここでは下半身と上半身を動かす筋肉以外の、腹筋と背筋を中心とする筋肉群と捉えておいてください。そして**体幹には、全身の筋肉の15%ほどが集まっています。**

体幹を鍛える最大の目的は、お腹の引き締め。ターゲットとなるのは腹筋です。

じつは腹筋という筋肉はなく、腹直筋、腹斜筋群、腹横筋などの総称です。腹直筋、腹斜筋群のうちの外腹斜筋はカラダの表層にあるアウターマッスル、腹斜筋群のうちでも内腹斜筋、腹横筋は骨格の近くにあるインナーマッスルです。

本書ではアウターマッスルの筋トレをメインに紹介しています。

お腹を凹ませたいなら全身のアウターマッスルを鍛えて代謝をアップさせ、同時にお腹のインナーマッスルも鍛えるべき。お腹のインナーマッスルは背中側の筋膜と一体化し、さらしのように巻いているので、鍛えるとコルセット効果で内臓と内臓脂肪を押さえてくれるからです。

また、姿勢も良くなるので、よりお腹が凹んで見えるようになります。

体幹を鍛える4種目

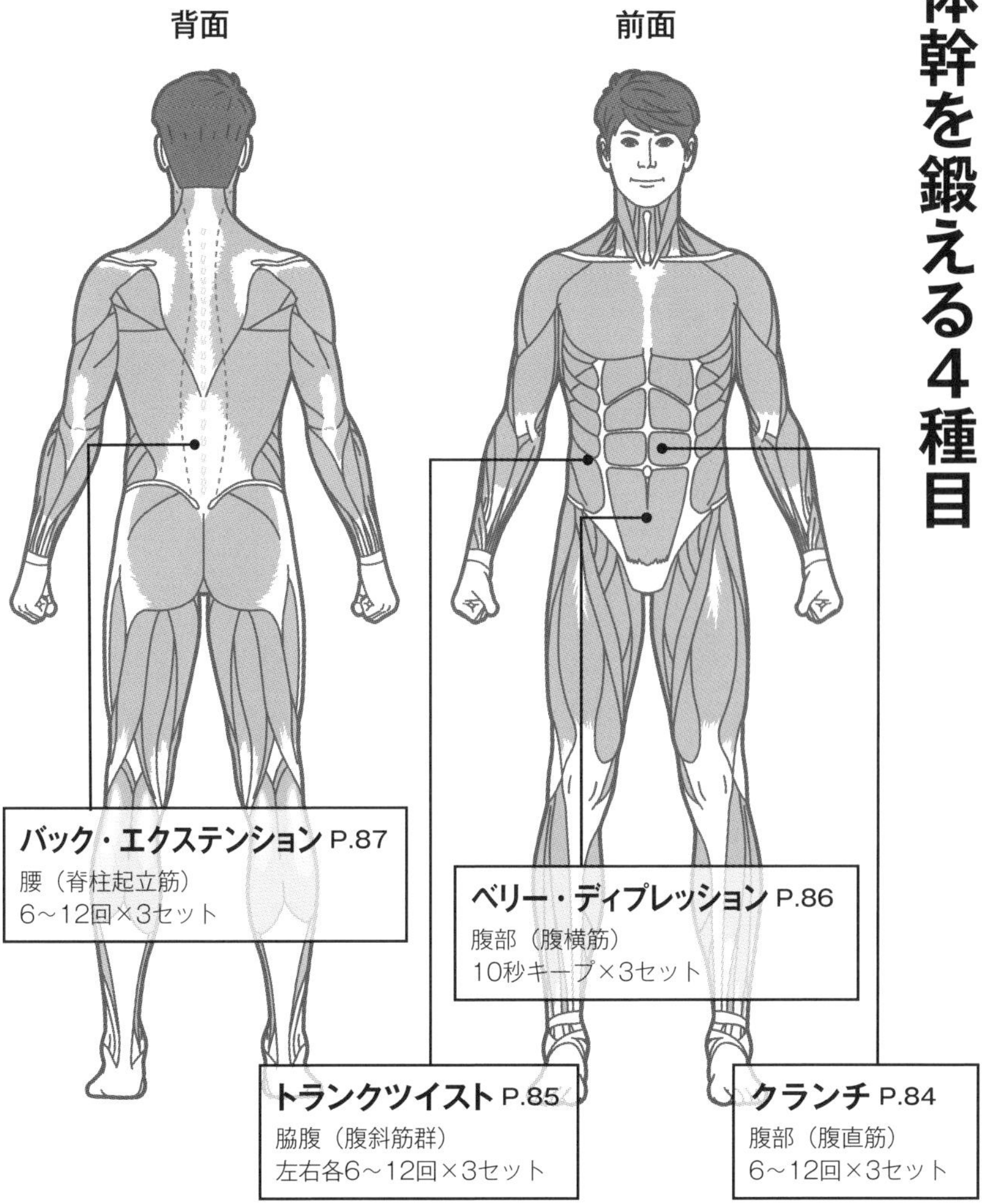

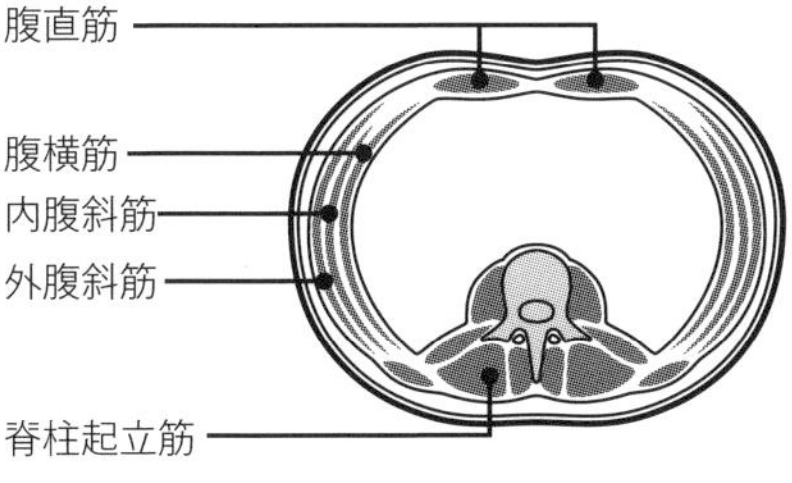

腹部の横断図

ヘソの高さでお腹を輪切りにして、腹筋の位置関係を示したイラスト。インナーマッスルの腹横筋が最も深い場所にあり、体幹全体を包み込んでいる様子がわかる。

クランチ

腹部（腹直筋）

6〜12回×3セット

1・椅子の座面に両足を乗せて仰向けになる。太腿が床と垂直になるように姿勢を調整する。両手の指を頭の後ろに引っかけ、脇を締める。
2・太腿の真ん中に肘を近づける気持ちで反動を使わずに背中を丸めて上体を起こし、元に戻る。

1

2

NG

疲れてくるとお尻を浮かせてから上体を上げがち。反動は使わない。

トランクツイスト

脇腹（腹斜筋群）

左右各6〜12回×3セット

1・床で仰向けになり、両脚を揃えて膝を90度に曲げて上げ、ふくらはぎを床と平行、太腿を床と垂直にする。両腕は体側で「ハ」の字に伸ばす。
2・両膝を離さずにぴったりつけたまま、左に45度ほど傾けてから正面に戻す。
3、4・右側も同様に行う。

45度以上倒そうとすると反対の肩が浮いてしまい、脇腹に効かなくなる。

ベリー・ディプレッション

腹部（腹横筋）

10秒キープ×3セット

1・両膝を床について座り、頭から膝までを床と垂直にキープ。両腕を体側に下げる。
2・息を吸いながら両腕を肩幅でまっすぐ頭上に上げ、顔を上に向けて胸郭全体を高く引き上げてお腹を凹ませる。呼吸をしながらその姿勢を10秒キープして元に戻る。

2

1

NG

腕だけ上げてもダメ。胸郭を引き上げることで体幹が腹横筋の働きで細く締まる。

バック・エクステンション

腰（脊柱起立筋）

6~12回×3セット

1・床でうつ伏せになり、両手を重ねて顎を乗せる。両足は腰幅に開いてまっすぐ伸ばす。
2・両手の上に顎を乗せて顔を正面に向けたまま、反動を使わずに上体を反らし、元の姿勢に戻る。おへそから下は床につけておく。

1

吐く
1秒
コンセントリック

吸う
エキセントリック
2~5秒

2

NG 反動を使って無理に上体を反らさない。反らしすぎると腰を痛めやすい。

実践編
11
全身を一度に鍛えるなら、下半身→上半身→体幹の順番で

これまで見たように全身は上半身、体幹、下半身の3大エリアに分けられます。それぞれ鍛えたい筋肉は複数ありますが、全身を1日でひと通りトレーニングするなら、鍛える順番に注意してください。

全身を一挙に鍛えるなら下半身→上半身→体幹の順番で行うのが正解。その理由を説明しましょう。

上半身、体幹、下半身の3大エリアで、最も大きくて強いのは下半身の筋肉群。体重を支える下半身には、大きく強い筋肉が揃っています。それだけにトレーニングではほかのエリアよりも重たい負荷を加える必要があります。**筋トレでは、大きな負荷を加えるエクササイズほどたくさんのエネルギーが必要で疲労も大きくなります。トレーニングの後半ほど疲労は蓄積していきますから、いちばん元気なうちに大きな負荷が求められる下半身から手をつけるべきなのです。**

下半身から行ったら、残っているのは上半身と体幹のどちらか。このうち体幹に関しては、トレーニング中の姿勢を支えるという役割があります。**体幹から先にトレー**

ニングして、そのエリアの筋肉が疲労してしまうと、その後のエクササイズでは姿勢が乱れてしまい、正しいフォームで筋トレが行えない恐れがあります。そこで下半身の後には体幹を避けて上半身を鍛えるべき。最後に消去法で残った体幹を鍛えます。かくして下半身→上半身→体幹の順にトレーニングするのが正解なのです。

以上の基本を踏まえたうえで、狙いに応じて鍛える順番を変える方法もあります。同じセッション内であれば、初めのうちが最も集中力が高く、トレーニング効果が高くなります。そこで自分がいちばん鍛えたいところから鍛えるのです。

3大エリアの筋トレを1セッションでまとめて行うのは時間がかかりすぎて大変だというなら、スプリット・ルーティン法という解決策があります。スプリット・ルーティン法とは、トレーニングをいくつかの一連の固まり（ルーティン）に分割して、実施日を変えてバラバラに行う手法です。

下半身、上半身、体幹という3大エリアのトレーニングをそれぞれひとつのルーティンとするなら、1日で3大エリアをすべて網羅しようと欲張るのではなく、ひとつのエリアだけに集中します。そして下半身→上半身→体幹と鍛える場所を日替わりで変えながら、その日のテーマとなるエクササイズに注力するのです。

スプリット・ルーティン法だと1セッションの所要時間は短くなる反面、頻度は増えます。1日1エリアなら下半身→上半身→体幹と3日間続けたら、また下半身→上半身→体幹と3日間続けます。すると3日置きに週2回ペースで鍛えられます。1日で3大エリアの筋トレを週2回しても、1エリアずつ週6回鍛えても、総所要時間は同じです。好きな方をチョイスしましょう。

実践編 12

筋トレは、ダンベルがなくてもペットボトルで手軽に行える

筋トレを行うときの基本のギア（道具）といえば、なんといってもダンベル。

ダンベルは手に持って使うエクササイズギアですから、ことに上半身の筋肉をトレーニングするのに有効。自宅ではダンベルのような道具を使わず、自体重を用いるトレーニングが手軽ですが、上腕のように自体重では思ったような負荷を加えにくい部位もあります。そんなときに有益なのが、ダンベルなのです。けれど、**ダンベルなしでも上半身の筋トレは行えます。ダンベルの代役として役立つのは、飲み終わった空のペットボトルです。**

ペットボトルは飲みやすいように手で持ちやすい設計ですし、中に入れる水の量で負荷が微調節できます。ペットボトルの容量は500㎖、1000㎖、1500㎖、2000㎖と大きく4タイプ。さらにそこへ注ぎ入れる水分量を調整すると、筋力に応じて最適な負荷が加えられます。

上半身の筋肉は下半身と比べて力が弱いので、動きの範囲とスピードをコントロールしてやれば、ペットボトル程度の負荷でも十分鍛えられるのです。

ペットボトルを使って上半身を鍛える4種目

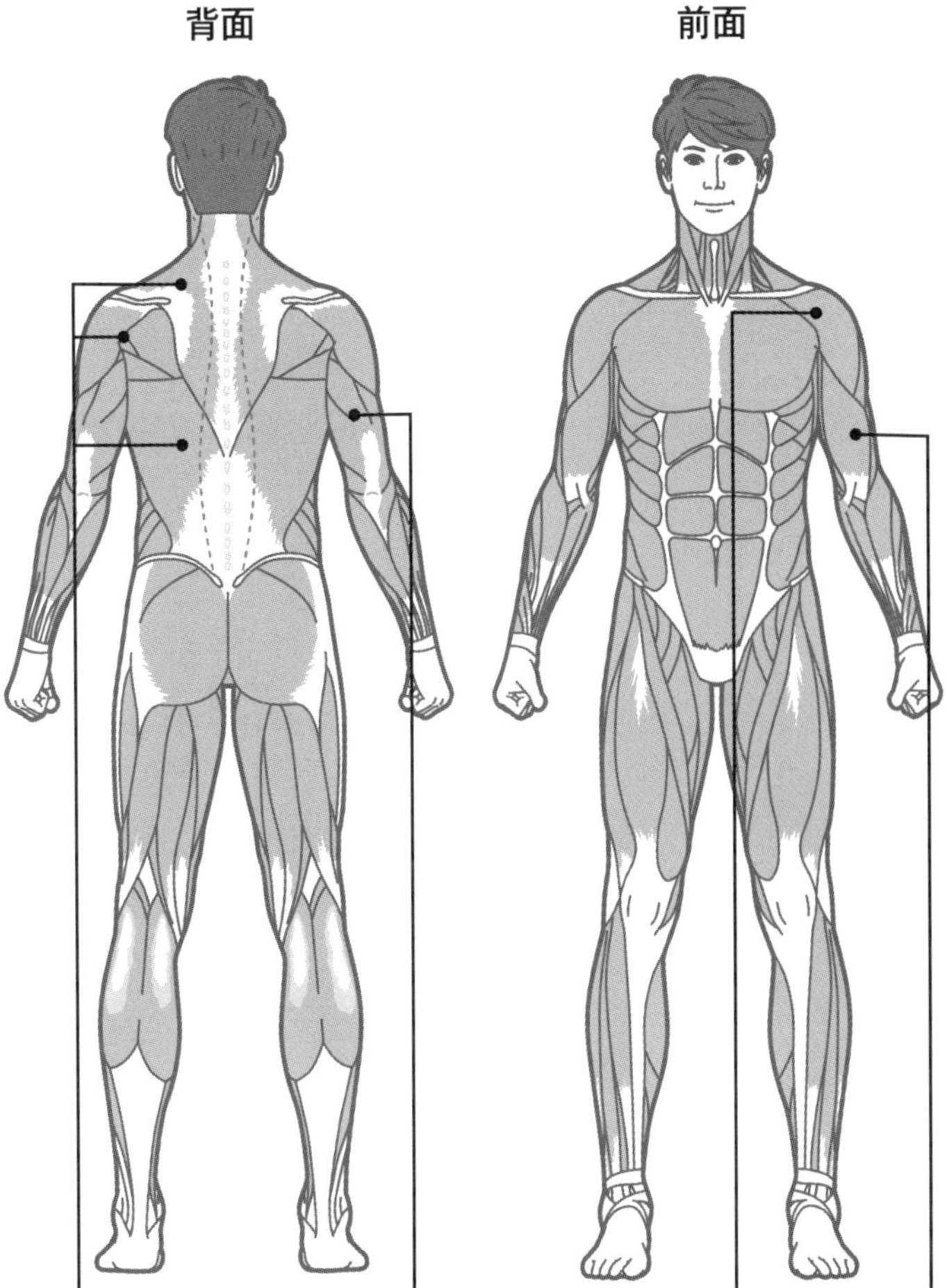

フレンチプレス P.94
上腕後ろ側（上腕三頭筋）
左右各6～12回×3セット

アームカール P.95
上腕前側（上腕二頭筋）
6～12回×3セット

ベントオーバー・リアレイズ P.92
上背部（僧帽筋中部、広背筋）、
肩（三角筋後部）6 ～ 12回×3セット

ラテラルレイズ P.93
肩（三角筋）
6～12回×3セット

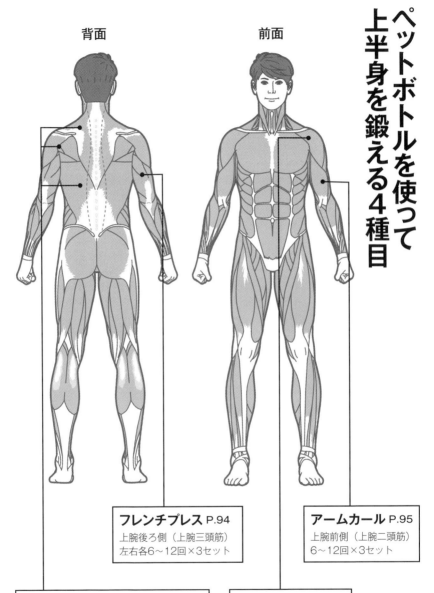

ベントオーバー・リアレイズ

上背部（僧帽筋中部、広背筋）、
肩（三角筋後部）

6～12回×3セット

1・両手にペットボトルを持って椅子に深く座る。上体を深く前傾させて肩を落とし、両腕を肩の真下に伸ばしてペットボトルを下げる。
2・胸をしっかり張りながら、大きな弧を描いてボトルを肩の高さまで引き上げたら、元に戻す。

NG 上体が起きると背中には効かない。上体を前傾させたまま腕だけ引き上げること。

ラテラルレイズ

肩（三角筋）

6～12回×3セット

1・両手にペットボトルを持ち、両足を肩幅に開いて立つ。腕を伸ばしてボトルを肩の真下に下げ、膝を軽く曲げておく。
2・肘を伸ばしたまま、大きな弧を描きながらボトルを肩の高さまで引き上げたら、元に戻す。

1

2

吐く
コンセントリック
1秒

吸う
エキセントリック
2～5秒

膝を
軽く曲げる

NG 肩の高さより上まで上げると、僧帽筋上部に刺激が分散するのでNG。

フレンチプレス

上腕後ろ側(上腕三頭筋)

左右各6～12回×3セット

1・片手にペットボトルを持って両足を肩幅に開いて立つ。肘を肩の真上に上げ、肘を曲げてボトルを後頭部に下ろす。反対の手で曲げた肘を支えてポジションを固定。
2・肘を伸ばしてペットボトルを頭上へ上げ、元に戻す。左右を変えて。

1

2

肘の位置を
動かさない

吐く
コンセントリック
1秒

吸う
エキセントリック
2～5秒

NG

肘を動かすと上腕に効かない。肘の位置を動かさないこと。

アームカール

上腕前側（上腕二頭筋）

6～12回×3セット

1・両手にペットボトルを持ち、両足を肩幅に開いて立ち、膝を軽く曲げておく。肘を体側につけ、腕を伸ばしてボトルを下げる。

2・脇を締めて、肘の位置と手首を固定したまま、肘を曲げてペットボトルを引き上げて、元に戻す。

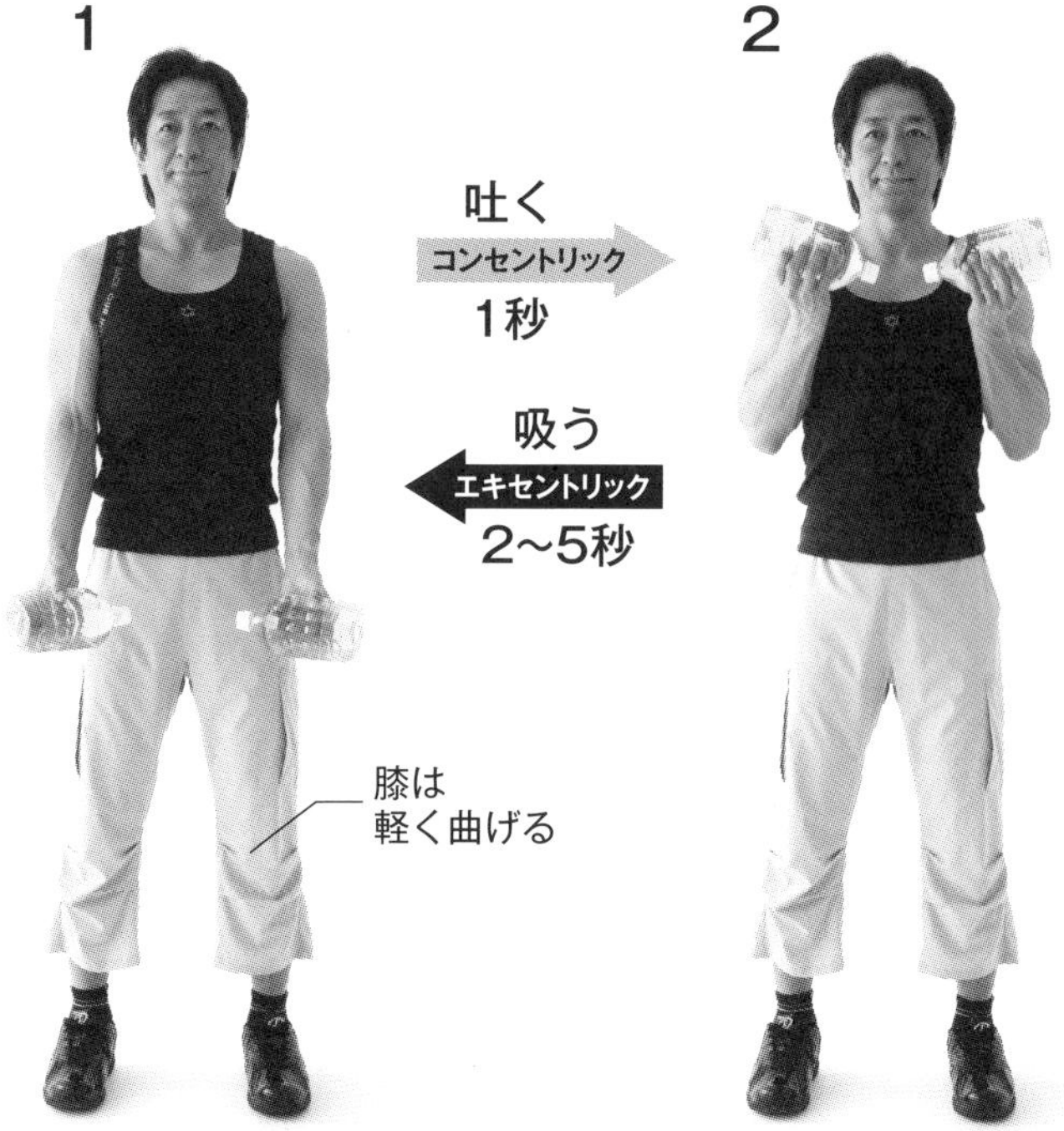

NG 膝の屈伸を使ったり、肘のポジションを動かしたりしないようにする。

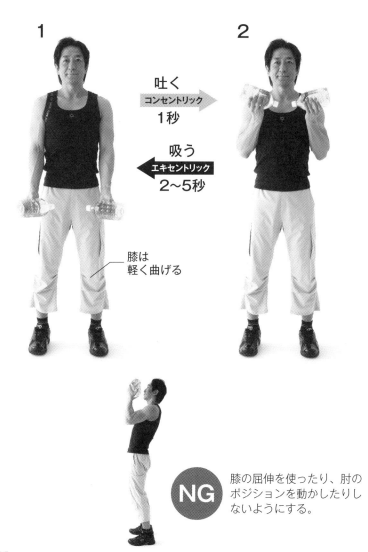

実践編
13

ラバーが1本あれば鍛えにくい背中だってトレーニングできる

自宅で鍛えにくい部位はどこですか？　そんな質問をトレーナーに投げたら、おそらく筆頭に挙げられるのは背中でしょう。

背中の筋肉はおなじみの懸垂で手軽に強化できますが、一戸建てでも集合住宅でも懸垂ができる環境は滅多にありません。それゆえ自宅トレでもほかの部位はそれなりに鍛えられているのに、背中は手つかずで、思った以上に衰えている人が大半です。

懸垂に頼らず、**背中側の筋肉を自宅でトレーニングする場合、おすすめしたいのはラバー（ゴム）を使ったトレーニング。**

ラバー・トレーニングでは、チューブやバンド状のラバーを引っ張り、次にブレーキをかけながら元に戻して筋肉を鍛えます。自重やダンベルを使ったトレーニングでは鍛える部位によって体勢をいろいろ変える必要がありますが、**ラバーだとラクな体勢でOK。負荷の調節も簡単。ラバーを短く持つほど負荷が高まり、長く持つほど負荷が軽減するのです。**

ラバーは軽くて持ち運びが容易なので、その気になれば仕事場にも出張先にも持参して好きなときに鍛えられます。

ラバーを使って背中側を鍛える4種目

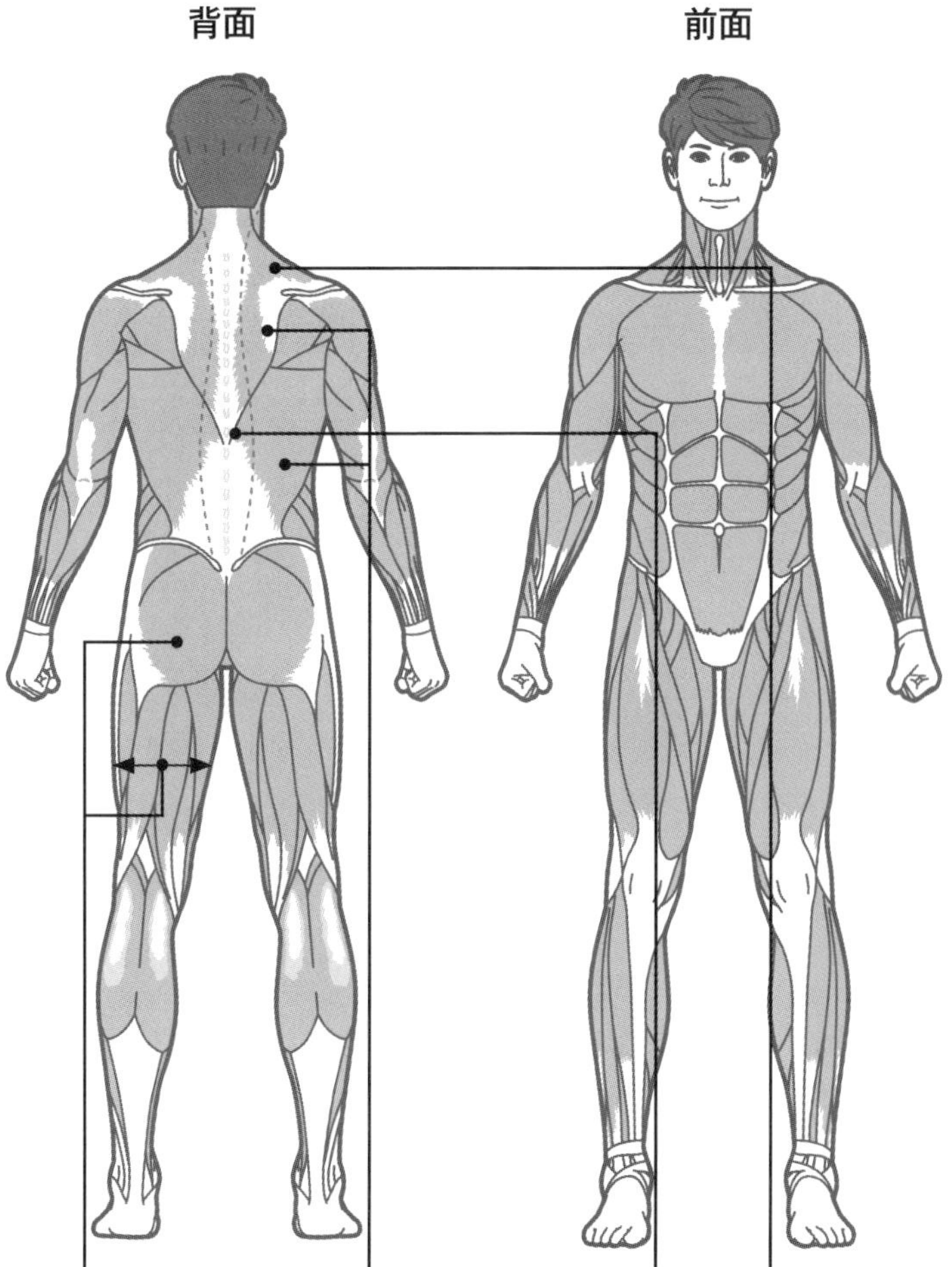

ロー・ロウイング P.98
上背部（僧帽筋中部、広背筋）
6～12回×3セット

シュラッグ P.99
肩（僧帽筋上部）
左右各6～12回×3セット

スティッフレッグド・デッドリフト P.101
お尻（大臀筋）、
太腿後ろ側（ハムストリングス）
6～12回×3セット

ロワーバック P.100
腰背部（脊柱起立筋）
6～12回×3セット

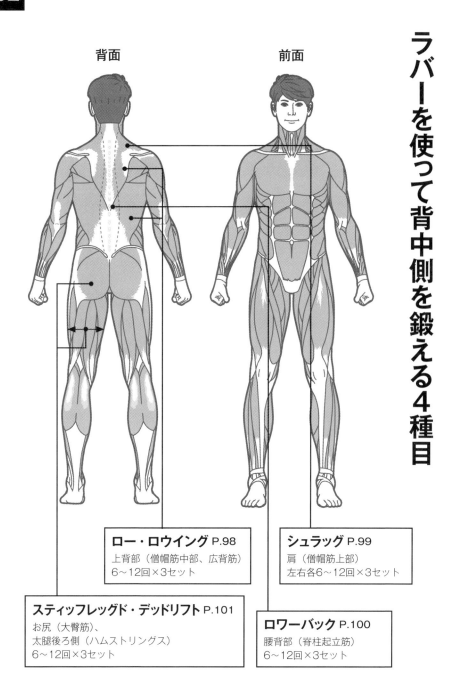

ロー・ロウイング

上背部（僧帽筋中部、広背筋）

6〜12回×3セット

1・床に座り、両脚を揃えて膝を軽く曲げ、足首を直角に曲げる。土踏まずにラバーを回して、両端を両手で持つ。肘を伸ばし、上体を床と垂直にしてラバーのテンションを調節する。
2・上体を垂直にしたまま、胸を張り、肘を曲げてラバーを引き、戻す。

NG

肘を開いたり、上体を後ろに倒したりしない。脇を閉じて上体は垂直に。

シュラッグ

肩（僧帽筋上部）

左右各6~12回×3セット

1・片足でラバーを踏み、同じ側の手で端を持ち、肩幅で立つ。ラバーを持った腕を伸ばし、上体を床と垂直にしてラバーのテンションを調節。
2・肘を伸ばしたまま、肩をすくめてラバーを引き上げ、戻す。左右を変えて同様に。

NG 上体を傾けてラバーを引かないように。上体はつねに床と垂直にキープする。

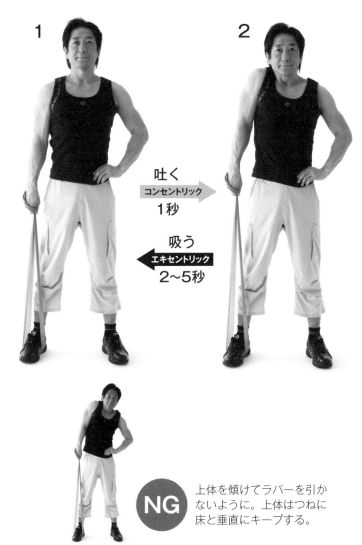

ロワーバック

腰背部（脊柱起立筋）

6〜12回×3セット

1・椅子に浅く座り、両膝を軽く曲げ、足首を直角に曲げる。土踏まずにラバーを回し、両端を両手で持つ。背中全体を丸めて肘を伸ばし、ラバーのテンションを調節。

2・肘を伸ばしたままヘソを支点に上体を垂直に起こしてラバーを引き、戻す。

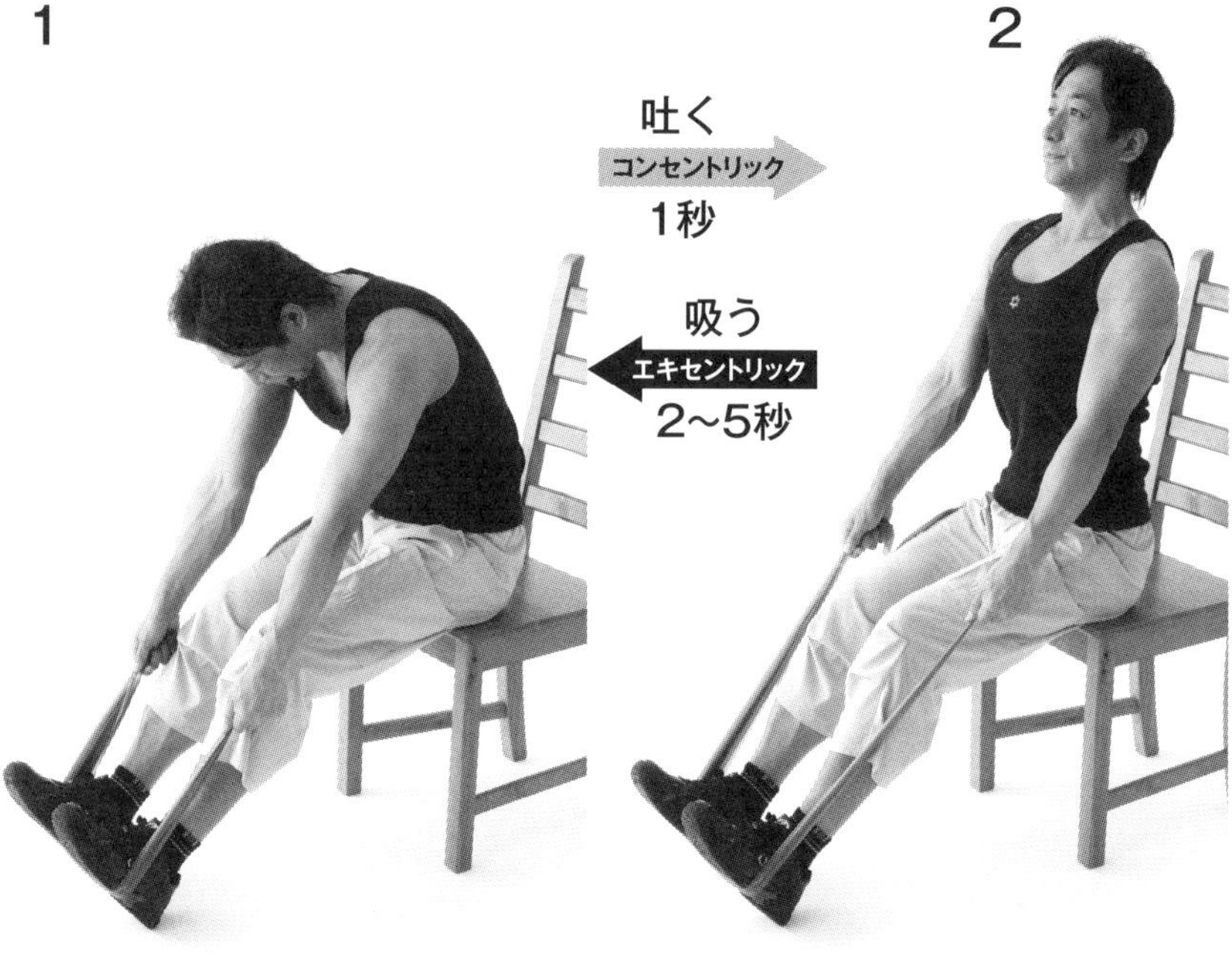

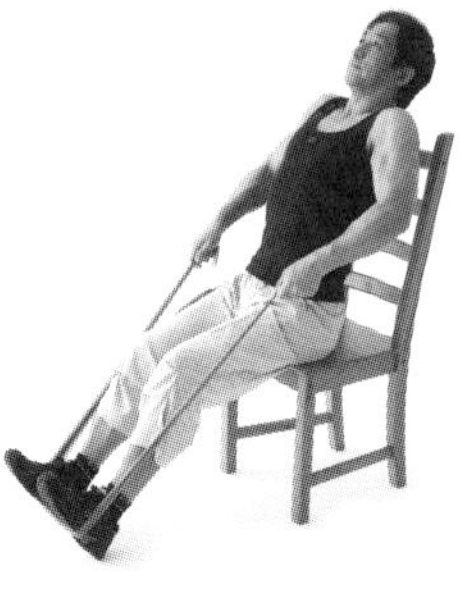

NG 上体を倒しすぎない。ラバーは腕で引くのではなく上体を起こして引く。

スティッフレッグド・デッドリフト

お尻（大臀筋）、太腿後ろ側（ハムストリングス）

6〜12回×3セット

1・両足でラバーを踏んで腰幅で立ち、ラバーの両端を持って肘を伸ばす。膝を軽く曲げ、お尻を後ろに突き出して上体を前傾。背すじを伸ばして胸を張り、ラバーのテンションを調節。
2・膝を伸ばして上体を垂直に起こしてラバーを引き、戻る。

膝は軽く曲げる程度にする。深く曲げると太腿前側の筋トレになる。

実践編
14

同じ筋トレをするなら、朝より午後遅めから夕方がベスト

トレーニングはいつやればいいのか。これは初心者のFAQ（よくある質問）のひとつですが、それに対する答えは拍子抜けするほどシンプル。あなたにとって続けやすい時間帯ならいつでもよいのです。

「筋肉とローマは1日にしてならず」ですから、筋トレは継続させることが肝心。**ライフスタイルに応じて、自分にとって続けやすい時間帯にやるのがいちばん。時間帯を固定した方が、トレーニングは習慣化しやすくなります。**

ビジネスパーソンなら平日は出勤前の時間帯か帰宅後の時間帯しか、まとまったトレーニング時間はとれないでしょう。

夜更かしが苦手、早起きが得意で朝から元気な朝型タイプは、朝起きてから仕事に出かけるまでの時間帯に行ってください。

朝のうちに筋トレをしておくと筋トレの刺激で成長ホルモンが分泌されます。成長ホルモンには体脂肪を分解する作用がありますから、その後通勤や営業で歩いている間に、分解された体脂肪が優先的に使われてやせやすくなります。

ただし、朝はまだ体温が低く、筋肉が温

まっていないので、本来運動には適していません。朝運動するときは軽く汗が出るまでその場でリズミカルに足踏みをしたり、家事をこなしたりして、筋肉を十分に温めるウォーミングアップを行ってください。

早起きが苦手で夜更かしが得意な夜型タイプは、仕事を終えて帰宅してから筋トレをしましょう。**筋トレ後に夕飯で肉類や魚介類などからタンパク質を摂ると、材料が揃って筋肉が肥大しやすくなります。**その後、ぐっすり眠ると就寝直後に訪れる深い眠りで成長ホルモンが分泌されます。成長ホルモンと筋肥大のかかわりについては前にも述べましたが、深い眠りが筋肉の成長をアシストしてくれることは間違いありません。ただし、夜眠る前に激しい運動をすると興奮してしまい、寝付けなくなる場合もあります。遅くとも就寝時刻の1時間くらい前にはトレーニングを終えるようにスケジューリングしてみてください。

休日なら好きな時間帯にトレーニングが行えます。いつでもよいなら、筋トレにいちばん適しているのは午後4時から夕方6時までの2時間です。

ヒトという動物は昼間に活動して夜間は休息する昼行性動物です。その活動と休息のリズムを刻んでいるのは、脳にある体内時計。体内時計は朝日を浴びるとリセットされてその日1日のリズムを刻みますが、その体内時計の指令で午後4時から夕方6時にかけて体温と筋肉の温度が高くなり、活発な活動に適した体内環境が整えられているのです。試しにこの時間帯に筋トレをしてみると、平日と同じメニューが少しラクに感じられるはず。学校の部活は放課後の午後4時から夕方6時に行われるケースが多いのですが、それは体内時計のリズムにかなったものなのです。

実践編
15

筋肉痛がないから効いていないと思うのは間違いである

慣れないスポーツや引越しの手伝いなどでカラダを激しく動かすと、翌日以降に筋肉痛に襲われることがあります。運動後に遅れて出てくることから、専門的には「遅発性筋肉痛」と呼ばれています。

本書で紹介している筋トレでも、長く運動から遠ざかっている場合、初めのうちは筋肉痛が起こります（起こらない人もいます）。**やがて筋肉痛は出なくなりますが、だからといって効いていないわけではありません。筋肉痛の有無はトレーニングの成果の目安にならないのです。**

そもそも**トレーニングで筋肉痛がなぜ起こるかというメカニズムはまだ100％解明されていないのが現状です。**

かつて筋肉痛は筋線維の損傷や炎症によって生じると考えられてきました。損傷や炎症が起こると確かに痛みを感じる物質が分泌されてくるのですが、詳しく調べてみるとかなり激しい筋トレをしても筋線維には大きな損傷や炎症は生じていないことがわかってきました。

現在最も有力な仮説は、筋線維から漏れ出した物質の影響を受けて、脳で痛みを感じる「閾値《いきち》」が下がるというもの。ここでいう「閾値」とは、ある反応を起こすときに必要な最低限の刺激のことです。「閾値」が下がるとふだんならなんでもない動きを強い刺激と感じてしまうので、筋肉痛を感じるのです。脳の「閾値」を下げる物質としては、筋肉の伸縮によって筋線維から出てくるATPやアデノシンが有力候補。ともに筋肉にエネルギーを供給している物質です。

運動の初期は、神経系の適応がまだ起こっていないので、筋肉は準備ができていないうちに唐突に伸縮させられます。すると不意打ちを受けた筋線維から、脳の「閾値」を狂わしてしまう物質が出てくるのです。これは、慣れない運動から筋肉を守る防衛本能のひとつといえるかもしれません。

神経系が適応して運動に慣れると、筋線維が不意打ちを受けることがなくなります。その結果、筋肉痛が出なくなるのです。

この有力な仮説に従うと、筋肉痛がなくなるのは神経系の適応が起こった証拠。**筋肉痛がなくなっても、筋肉を完全に疲労させるオールアウトができていれば、筋肉は順調に成長し続けるはずです。**

筋肉痛は通常筋トレの翌日に出て、ほどなく消えます。中2〜3日の間隔でトレーニングしていれば、次のセッションのときに激しい筋肉痛が残っていることはないでしょう。もし**筋肉痛が残っているうちに次のトレーニング日を迎えたら、とりあえず1セットやってみます。強い痛みを感じることなく、いつもの負荷で6回から12回できたら合格。そのままトレーニングを継続します。**できなかった場合は疲労からまだ回復していない可能性がありますから、その日は休止して翌日改めてトライしてください。休養もトレーニングのうちなのです。

実践編
16

筋トレをやりながら、体脂肪を燃やすこともできる

せっかく筋肉をつけたとしても、その上に体脂肪がたっぷり乗っていては、カラダはなかなか絞れません。

とくに皮下脂肪は筋肉、なかでもカラダの外側にあって体型を決めているアウターマッスルの真上についていますから、体脂肪を落とすことも大事。筋肉量が増えてくると体脂肪を燃焼しやすい体質になりますが、もっと手っ取り早く**筋トレをしながら、体脂肪を燃やす方法があります。それがサーキット・トレーニングです。**

運動のメインのエネルギー源となっているのは糖質と体脂肪です。筋トレは糖質をメインに使う運動なので、体脂肪を燃やす効果は一般的には低いといわれています。**体脂肪を燃やす効果が高いのは、ウォーキングやジョギングといった有酸素運動ですが、サーキット・トレーニングは筋トレを有酸素運動に変えて体脂肪の燃焼を促してくれるのです。**

サーキット・トレーニングとは通常5種目以上の筋トレを休みなく続ける方法のことをいいます。

例えば、5種類の筋トレを行う場合、通

常は1種目ずつ3セット行います。1種目が3セット終わってから、次の種目の3セットへ進むのです。これをセット法と呼びます。それに対してサーキット・トレーニングでは、5種目を1セットずつ行います。1セットずつ行ったら、60秒ほど休んでから、最初に戻って2セット目を行います。円（サーキット）を描くように元に戻ることから、サーキット・トレーニングと呼ばれるのです。3サイクルすれば5種目が3セットずつ終わります。

　セット法ではセット間に平均60秒ほどのインターバル（休息）を入れますが、サーキット・トレーニングではサイクル間のインターバルのみで、種目と種目の間はインターバルはなし。次から次へと休みなく行うことで、筋肉を鍛えながら有酸素運動と同じように体脂肪が燃やせるようになります。まさに一石二鳥です。有酸素運動は息が切れない程度のペースで行い、心拍数（心臓の1分間当たりの拍動数）を毎分120～130拍くらいに保ち続ける必要があります。セット法で行う通常の筋トレだと、インターバルで休んでいる間に心拍数が下がります。**サーキット・トレーニングは休憩を入れないで休みなく続けるため、心拍数が高くキープされるので、有酸素運動と同じように体脂肪が燃やせるのです。**

　セット法と比べると、サーキット・トレーニングはインターバルで休めませんから、ちょっとしんどく感じるでしょう。でも、インターバルがないため、トータルの運動時間は短くなるという見逃せないメリットがあります。**忙しい人にとって、短時間で筋肉を鍛えて体脂肪を燃やすサーキット・トレーニングは、理想的な運動プログラムのひとつ。**次ページから6種目を5～6サイクル行うプログラムを紹介しましょう。

サーキット・トレーニング 6種目

●各種目10秒間
●1サイクル終えたら60秒間休憩
●5~6サイクル行う

1

レッグ・シャッフル

下半身、体幹

1・両手を肩のラインでついて、両肘を伸ばして腕立て伏せをするようにうつ伏せの姿勢になり、片膝を引き寄せる。
2・腕を伸ばしたまま、床を蹴って軽くジャンプしながら、お尻を高く上げて左右の脚を入れ替える。
3・これを左右交互にリズミカルに繰り返す。

1

2

3

2

レスリング・プッシュアップ

上半身、体幹

1・両手を肩幅に、両足を肩幅の1.5倍程度に広げてうつ伏せになる。両腕と両脚を伸ばし、逆V字をつくるようにお尻を高く突き出す。
2・肘を曲げて背中を床と平行にして、
3・肘を伸ばしてお腹を床に近づけて上体を反らしてから、元に戻る。

1

2

3

3

トゥー・タッチング

上半身、体幹

1・床で仰向けになり、両脚を腰幅でまっすぐ伸ばす。両腕は体側で「ハ」の字に開く。
2・片脚を伸ばしたまま引き寄せながら、上体をひねり起こし、タッチする気持ちで対角の爪先と手の指先を近づけて戻る。
3・左右交互に行う。

1

2

3

4

ツイスティング・ランジ

下半身、体幹

1・両足を腰幅に開いて立ち、両手を頭の後ろで組む。
2・片足を大股1歩分前に踏み出し、前後の膝を90度に曲げて上体を真下に沈める。
3・腰をひねって上体を踏み出した脚の方に向け、前足で床を蹴って元に戻る。左右交互に行う。

1

2

3

5

タオル・スライド

上半身、体幹

1・両手と両膝を床について四つん這いの姿勢に。背中は床と平行に。両手の真下にそれぞれタオルを敷く。
2・タオルを床で滑らせながら片腕をまっすぐ前に伸ばして上体を床に近づけたら、元の姿勢に戻る。
3・左右交互に行う。

1

2

3

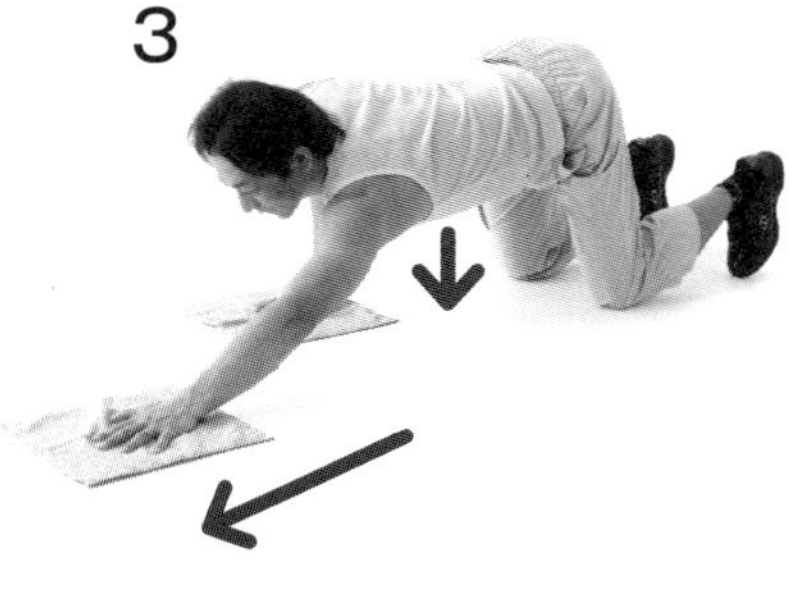

6

ニー・トゥー・ヘッド

上半身、体幹

1・床に座り、両膝を90度に曲げて立てる。両手をカラダの後ろにつき、背すじを伸ばして上体を60度ほど後ろへ傾ける。手の指先は正面に向ける。
2・肘を曲げて背中を丸めながら、骨盤を後傾させて両膝を手前に引き寄せ、膝と頭を近づけてから、元に戻る。

1

2

実践編
17

日常生活でも〝ながら〟で筋トレをすることは可能である

筋トレは日常生活の中でも行うことが可能です。そもそも筋力がない、運動が苦手という人は、まずここから始めてください。

安静時より少しでも多くのカロリーを消費する活動を身体活動といいます。筋トレなどの運動、家事や通勤などの生活活動がこの身体活動に含まれます。身体活動は1日に消費するカロリーの約30％。運動習慣のない人はそのすべてが生活活動に当たります。ならば、**その生活活動を増やせば、わざわざ運動しなくても消費カロリーが増えて体脂肪が減らせるはずです。**筋トレは週2回ですが、生活活動は誰でも毎日欠かさずに行っているものですから、「塵も積もれば山」と考えれば効果は必ず望めます。

その際、生活活動に負荷を高める工夫をすれば筋トレの要素がプラスされます。運動不足で筋肉が衰えているタイプの人にとっては、この〝ながら筋トレ〟でも、ベーシックな筋力を養う効果は十分にあります。

筋トレがつらい人でもながら筋トレで筋力がつけば、筋トレをするだけの基礎体力が身につきます。その後、1種目からでもよいので、筋トレを取り入れてください。

スクワット・ステップ

太腿前側（大腿四頭筋）、
太腿後ろ側（ハムストリングス）、
お尻（大臀筋）

背すじを伸ばして胸を張り、上体を垂直に保ったまま1段飛ばしでゆっくり階段を上がる。1段飛ばしだと股関節と膝関節が大きく動くので太腿とお尻が強化される。できるだけ前足の力のみで全身を引き上げる。

脇の下クリップ

胸（大胸筋）、背中（広背筋）

体側と脇の下に肘で雑誌やノートなどを挟んで、呼吸をしながら落とさないように肘を全力で体側に押しつける。薄くて滑りやすい雑誌などの方がエクササイズ効果は高くなる。10 ～ 30秒ずつ左右を変えて。

顔上げ

腰背部（脊柱起立筋）

うつ伏せになり、両脚をまっすぐ肩幅に開いて後ろに伸ばす。両手を重ねて顎の下に当てたら、上体を静かに床から浮かせて背中を反らし、呼吸をしながらその姿勢を10～30秒キープする。

背中丸め

腹部（腹筋）

床に座り、両膝を曲げて立て、足首を曲げる。両腕を肩幅で床と平行に伸ばしてバランスをとりながら、上体を後ろに傾けて背中を丸める。呼吸をしながらその姿勢を10～30秒キープする。

実践編
18

やりたくないと思ったときでも、少しやってみると気分が上がってくる

トレーニングの予定日になっても、気分が乗らずに「やりたくない」と思うこともあります。そんなときはどうしたらいいのでしょうか。

まず「やりたくない」と思っても、「自分は意志の力が弱い」とか「トレーニングに向いていない」と決めつけないでください。「やりたくない」と思うのは、当たり前のことだからです。

そもそもトレーニングはカラダに少なからぬ負荷というストレスをかけます。そのストレスが刺激となり、筋肉を内側から変えて成長させる原動力となるのです。とはいえ、カラダにストレスがかかることは本音を言うと誰でも「やりたくない」もの。年季の入ったボディビルダーたちだって、スキップをしながら嬉々としてジムに足を運んでいるわけではないのです。

次に「やりたくない」と感じている原因を自分なりに考えてみます。

一日中デスクワークで座りっ放しだったのに疲れて「やりたくない」と思った場合は少々無理をしてでも少しやってみましょう。筋トレをすると疲れが取れて、むしろ

すっきりするケースが多いからです。

デスクワークの疲れは精神的なもの。一日中パソコンやタブレット端末の画面を見ながら、細かい作業をしていると誰でもどんよりした疲れを感じます。これは脳が感じている疲労です。じっと座っているだけですから、カラダは元気そのもの。座りっ放しだと血液循環が悪くなり、脳に疲労を感じさせている疲労物質を洗い流して代謝する作業が滞ります。それがどんよりした疲労感の元になっているのです。

筋トレに限らず、**運動をすると血液循環が改善しますから、疲労物質の代謝が進み、疲労感が軽くなります。**ことに72〜75ページで紹介した下半身の筋トレは、血液循環を良くする働きがありますから、精神的な疲労を軽くするのに効果的です。だまされたと思って1セットだけでも、やってみてください。1セットやると気分が変わり、2セット目も3セット目もできるようになり、結局その日のノルマが全部達成できるに違いありません。

一方、営業の外回りなどで肉体的に疲れていて「やりたくない」と思ったときには、筋トレは中止しましょう。運動で血液循環を良くすると、肉体的な疲労も軽減されますが、疲れた筋肉にムチを打って筋トレをしてもフォームが崩れてトレーニング効果が下がるのが関の山です。

肉体的な疲労があるときは、筋トレよりもカラダへの負担が少ないウォーキングで血液循環を促しましょう。何もしないでただバタンキューで眠るよりも、歩いて軽くカラダを動かしてやった方が疲労回復効果は高くなります。これは「積極的休養（アクティブレスト）」と呼ばれています。スポーツ選手が試合後に軽いジョギングを行うのも、アクティブレストのひとつです。

実践編
19

一度つくり上げた筋肉は週1回の筋トレでも維持される

筋肉が衰えると肥満やロコモ（運動器症候群）の引き金となりますが、かといって筋肉は大きければ大きいほど良いわけではありません。

ボディビルディングのように肉体美を競う競技者は別として、一般の人がカラダを引き締めて健康になるために筋トレをするなら必要以上に筋肉を大きくしないこと。それぞれの骨格に合った筋肉のボリュームがありますし、筋肉が重りとなって膝や腰に負担がかかることもあります。また、肥大した筋肉を養うにはそれだけ多くのタンパク質を摂らなくてはなりません。肉類や魚介類などから大量のタンパク質を摂ろうとすると、タンパク質を代謝する肝臓や腎臓の負担も増えてきます。

本書でメインに紹介している自体重を使ったトレーニングなら、必要以上に筋肉が大きくなる恐れはありません。ペットボトルやラバーを用いた筋トレも同様です。負荷を上乗せしていって筋肉の肥大が徐々に頭打ちになってきたら、それ以上無理をしないで作戦を変更。つくった筋肉を維持することに主眼をおくのです。

筋肉を右肩上がりで成長させ続けるには、2~3日置きに週2回ペースでの筋トレが必要でした。でも、**一度つくった筋肉を維持するなら週1回ペースで大丈夫。そのとき大切なのは、負荷を落としたり、回数やセット数を減らしたりしないこと。これまでと同じ刺激を与えるからこそ、週1回でも筋肉はキープされるのです。**

維持期で気をつけたいのは、トレーニングの習慣化。週2回と週1回を比べるとトレーニングの頻度はちょうど半分。トータルの運動負荷も半分になりますから、週2回のときよりも習慣化しやすいように思えますが、意外なことにじつは逆。**歯磨きのように毎日行う行動の方が習慣化しやすく、頻度が少なくなるほど習慣化は難しくなります。一般的に平日より休日の方が時間は自由になりますから、土曜か日曜に時間帯を決めて行うと良いでしょう。**

習慣化のために、トレーニングする日を決めたら、スケジュール帳やカレンダーに1~2か月先まで先に筋トレの予定を入れておくのも良い方法です。

先にトレーニングの予定を入れると「この週末はゴルフがあるから筋トレができない」などとわかります。そんなときは前日か翌日にトレーニングをシフトさせます。同様に筋トレの予定日に急用が入ったときはどうするかという自分なりの対処法をあらかじめ決めておくと、週1回ペースでも続けやすくなります。

週1回ペースだと、一度休止するとトレーニングの間隔が2週間ほどあいてしまいます。わずか2週間で魔法が溶けたようにカラダが元通りになることはありませんが、月に2回以上休止するとせっかくつくった筋肉が衰えやすくなりますから、注意してください。

実践編 20

筋肉は記憶力が良いから、一度やめても再開後はすぐに復活する

苦労してつくった筋肉も、筋トレを一切やめるとだんだん衰えてきます。トレーニングの中断をディトレーニングといいます。

インフルエンザなどの体調不良や長期の海外出張などでトレーニングを一時的に中断しても、2週間くらいまでなら筋力の低下はほぼ見受けられません。

それを超えると筋力の低下が少しずつ始まり、筋肉も衰えてきます。一般的には3か月でつくった筋肉は3か月、半年でつくった筋肉は半年で元のレベルに近づきます。一定期間鍛えていれば、幸いにも完全に元の木阿弥になることはないようです。

そして、**ある程度筋トレを続けていれば、トレーニングを再開したときに、最初より短い期間で筋肉量と筋力が復活します。トレーニングの再開をディトレーニングに対してリトレーニングと呼びます。**

リトレーニングで早期に筋肉量と筋力が復活してくるのは、筋肉には「マッスル・メモリー」と呼ばれる一種の記憶装置が備わっているからです。「マッスル・メモリー」の正体はまだ完全に解明されていませんが、その一翼を担っているのはおそらく筋サテ

ライト細胞（37ページ参照）。筋肉が肥大するまで筋トレを一定期間続けると、筋サテライト細胞が既存の筋線維に合体。筋線維の細胞核が増えて筋肥大を進めます。ディトレーニングをしても、一度融合した筋サテライト細胞が離れることはなく、筋線維の細胞核は増えたままになっています。細胞核が多いとタンパク質を一度にたくさん合成できるため、リトレーニングで筋トレを再開させたとき、以前よりも速いペースで筋肉が成長してくれるのです。

トレーニングの中断と再開による筋力の変化

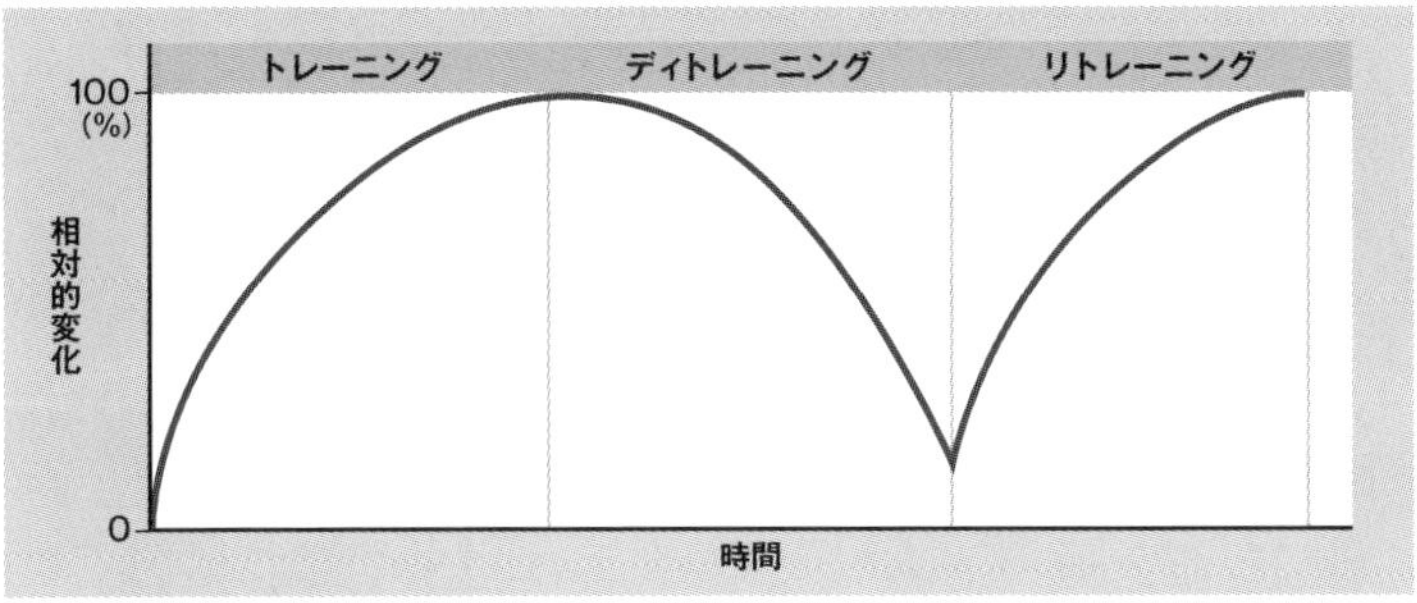

トレーニングで向上した筋力は、ディトレーニングで中断すると元のレベルに近いところまで落ちる（完全に元通りにはならない）。リトレーニングで再開すると以前より短時間で元のレベルまで到達してくれる。

筋サテライト細胞などによる「マッスル・メモリー」が一生モノかどうかはよくわかっていませんが、少なくとも10年以上はトレーニングの記憶は残り続けると考えられています。筋線維レベルでも「昔取った杵柄」は通用するらしいのです。

カラダを一度きちんとつくってしまえば、その後は筋トレをやったり、やめたりを繰り返しても、リトレーニングで筋肉が復活するのに要する期間が短くなっていきます。これは筋線維に融合する筋サテライト細胞が増えて、筋肉の記憶力が良くなるから。トレーニングはなんらかの事情でときどき中断したとしても、その都度再開すれば筋肉は一定水準で長期にわたってちゃんとキープされるのです。

実践編 21

有酸素運動も行うなら、筋トレ→有酸素運動の順番で

筋トレと並行して有酸素運動（エアロビクス）に取り組む人もいるかもしれません。有酸素運動とは、ウォーキングやジョギングのように、息が切れないような軽い全身運動を長く続けるトレーニング。運動中に酸素を介して体脂肪を効率的に燃焼するため、肥満を改善する効果に優れています。

筋トレと同時に有酸素運動を行うなら、筋トレ→有酸素運動の順番で行うべき。

有酸素運動には筋肉の温度を上げるウォーミングアップ効果があることから、以前は有酸素→筋トレの順番で行うことが推奨されていました。でも、**筋肉を鍛えながら、体脂肪も燃やしたいと二兎を追う作戦なら、筋トレ→有酸素が正解です。**

筋トレを行うと成長ホルモンが分泌されます。成長ホルモンには、脂肪細胞に働きかけて体脂肪の分解を促す作用があります。筋トレを行うと体脂肪が分解されているため、その後の有酸素で体脂肪が燃焼されやすくなります。**ウォーキングなどの有酸素運動を行わなくても、筋トレ後はごろ寝をするのではなく、積極的に動く習慣をつけると体脂肪は自然に燃焼されます。**

03

食事と栄養を科学する

食生活編

食生活編
01

カラダづくりに必要不可欠なタンパク質。不足すれば筋トレ効果は半減する

小学校の家庭科で3大栄養素の働きをこんなふうに教わったはずです。

「炭水化物と脂肪はエネルギーのもとになる栄養素、タンパク質はカラダをつくる栄養素です」と。

いかにもその通り。全身に37兆個あるといわれる細胞の主成分はタンパク質。内臓、皮膚、毛髪、血液、酵素、ホルモン、もちろん筋肉の主成分もタンパク質です。

さて、このタンパク質、ミクロ単位で見てみると、アミノ酸50個以上で構成されています。アミノ酸は炭素、水素、酸素、窒素の複合体で、自然界には数百種類存在しています。このうち、**ヒトのカラダを構成するタンパク質の材料となるアミノ酸は20種類。**それぞれのアミノ酸が複雑に複合することで、さまざまなタンパク質が形成され、血となり肉となっているのです。

もし、これら20種類のアミノ酸を自分の体内でつくることができるのであれば、筋トレ時に栄養の知識は必要ありません。ところが、残念なことにヒトのカラダは自給自足ではやっていけないシステムになっているのです。20種類のアミノ酸のうち、自

前で合成できるのは、11種類のみ。残りの9種類のアミノ酸はタンパク質を含む食物を口から摂り入れ、20種類のアミノ酸を揃えるしか方法がないのです。

自前で合成できるアミノ酸のことを非必須アミノ酸、そうでない残り9種類のアミノ酸のことを必須アミノ酸といいます。最近、よく目にするEAA（EAAアミノ酸）とは、この必須アミノ酸のことです。

肉や魚などのタンパク質食材が生きていくために必須とされているのは、すなわち必須アミノ酸を補給せねばならないということ。これは、年齢や体格差にかかわらず、等しく同じ。

ただし、筋トレ時には、そうでない場合に比べて必須アミノ酸の要求量は当然、上がります。必要最低限の量を補給するだけでは、いくらトレーニングに励もうと結果はなかなかついてきません。筋肉の材料がなければ、筋線維1本1本は太くなりようがないからです。ただがむしゃらにトレーニングするだけでは理想のボディメイクはならず。筋トレ時には栄養の知識が必須ということを、まず知っておいてください。

体内で合成できない必須アミノ酸

イソロイシン	スレオニン
ロイシン	トリプトファン
リジン	バリン
メチオニン	ヒスチジン
フェニルアラニン	

体内で合成できる非必須アミノ酸

アスパラギン	グルタミン酸
アスパラギン酸	システイン
アラニン	セリン
アルギニン	チロシン
グリシン	プロリン
グルタミン	

食生活編

02

タンパク質食材は100点満点で評価される。点数が高いほど筋トレに有効

体内でつくることのできない9種類の必須アミノ酸は、いかにすれば効率良く補給できるのか?

その目安となるのが、**アミノ酸スコア**と呼ばれる数値です。

同じタンパク質食材といわれている食品でも、そのアミノ酸組成はさまざま。あるアミノ酸が突出して多く含まれている食品もあれば、逆に特定のアミノ酸が非常に少ない食品もあります。その過不足が自前でつくれる非必須アミノ酸であれば、さほど気にする必要はありません。

問題は必須アミノ酸に極端な過不足が見られる場合。これを数値で示したものがアミノ酸スコアです。

9種類の必須アミノ酸がどれも相当量満たされている理想的なタンパク質のスコアを100とします。このアミノ酸組成と比**較して割り出されているのがアミノ酸スコア。つまり、100という数値に近いほど、〝質のいいタンパク質〟食材ということになるのです。**9種類のアミノ酸のうち、どれかひとつが不足していると、体内での利用効率が下がってしまいます。

板でつくられた桶をイメージしてください（左図参照）。9枚の板がある程度長くて、同じような高さであれば、たくさんの水をくむことができます。ところが、板の長さがまちまちだと、いちばん低い板の長さまでしか水をくめません。

アミノ酸スコアは9枚の板でつくられた桶のイメージ。板が高くて均等なら水をたくさんくめるが、どれか１枚の高さが低いとそこまでしか水がくめない。

　これと同様、**必須アミノ酸が必要十分な量、均等に含まれていれば、それだけ体内でのタンパク質の利用効率が高く、特定のアミノ酸の量が低ければ利用効率は低くなります。**

　でこぼこしたアミノ酸の桶の板のうち、長い部分は、体内ではうまく利用されないので、余剰分になります。余った分がどうなるかというと、老廃物として排泄するしかないので腎臓に運ばれます。タンパク質はろ過されるのに手間がかかるので、それだけ腎臓に負担がかかります。または、尿酸に分解されて関節に蓄積され、痛風の原因になることもあるのです。

　筋トレ時、タンパク質食材を積極的に食べる際には、ひとまずアミノ酸スコアをチェックのこと。数値が１００に近い食材を選んで、意識して食べることが重要です。

食生活編

03

「肉は太る！」は大きな誤解。部位と調理法を選べば、筋トレの強い味方に

ほとんどの肉はアミノ酸スコアが100という、優良なタンパク質食材。つまり、筋トレの際には、積極的に摂り入れるべき食材といえます。

ところが、肉に対してある種、アレルギー的な反応をする人が少なくありません。

「肉＝太る」

という根強いイメージを抱いているのです。ダイエット中の若い女性だけでなく、男性にもこの手のタイプは案外多いもの。

でもこれは大きな誤解。肉を食べるから太るわけではありません。肉の食べ方次第で太ることもある、という話。では、どんな食べ方をすると、太りやすいのでしょう。

まずポイントのひとつは、部位の選び方。同じ1頭の牛、1頭の豚、1羽の鶏でも部位によってカロリーの数値は違ってきます。

左のカロリー表をご覧ください。同じ100gでも牛肉のロースは298kcal、ヒレは133kcal。ステーキ屋に行ってどちらを選ぶかによって、1食分で摂取するカロリー量は格段に異なります。この数値の差は肉に含まれる脂質の量の差であり、タンパク質の量の差です。タンパク質は1g4kcal

に対して脂質は1g9kcal。倍以上のカロリー差があるのです。

同様に、同じ肉じゃがでもばら肉を使うのか、もも肉を使うのかで約200kcalの差が生じます。鶏肉に至っては、皮付きの胸肉と皮なしの胸肉では、約100kcalの差が。**肉を食べるならできるだけ脂身の少ない赤身の部位を選ぶ**。これがまず大前提です。

次に気をつけるべきは調理法。同じ食材でも、焼くのか煮るのか炒めるのか油で揚げるのかで、やはり1食分の摂取カロリーは違ってきます。もちろん、カロリーをセーブするためには、調理で使う油の量が少なければ少ないほど有効。いくら鶏のササミをチョイスしても衣たっぷりのフライで食べてしまってはプラマイゼロ、いやむしろ脂質過多になってしまいます。**基本的にトレーニング時に許される調理法は〝炒める〟までと心得てください。**

部位と調理法さえ選べば、肉は筋トレ時の強い味方になってくれます。焼き肉屋、ステーキ屋、外食時や総菜を選ぶとき、ぜひともこのふたつのポイントを押さえておきましょう。

部位別カロリー（100g当たり）

豚肉		牛（輸入牛）
395kcal	ばら	371kcal
263kcal	ロース（サーロイン）	298kcal
216kcal	肩	180kcal
183kcal	もも	165kcal
130kcal	ヒレ	133kcal

日本食品標準成分表2015年版〈七訂〉

調理法をカロリーの低い順に並べると……

蒸す ＞ 焼く ＞ 煮る ＞ 炒める ＞ 揚げる

食生活編

04

腹周りを引き締めたいなら、必要エネルギー量を確認する

若い頃とほとんど変わらない食生活をしているのに、なぜか年に1kgずつ体重が増えている。もしくは、お腹周りが年々せり出して、ベルトの穴がひとつずつ外側にズレてきた。

その原因は、消費するエネルギーに対して口から摂り込むエネルギーの方が多いこと。例えば、いまから10年前、多少暴飲暴食をしたからといって、腹周りに脂肪がだぶつくことはなかったはず。日常の活動量が多く、しかも十分な筋肉が維持されていたため基礎代謝で消費されるエネルギー量も多かったからです。

ところがいま現在は運動習慣がなく、年齢とともに筋肉が落ちて基礎代謝が少なくなっている状態。これでは、10年前と同じような食生活をしていても、太るのは当たり前の話です。

ですから、筋トレによって引き締まったカラダをつくりたいと望むのであれば、年齢に応じた適正な食事の量を知ることが重要です。

30～40代の例で見てみましょう。通勤や仕事で立ったり歩いたりする生活活動強度

が普通の人であれば、1日に必要なエネルギー摂取量は約2650㎉です。これを1日3食の食事例で見てみると、左のような内容になります。

摂り入れるエネルギーが使うエネルギーを上回ってしまうのは、多くの場合、炭水化物や脂質の量が過剰になっているせいです。もしかすると、主食の量が少しずつ多かったり、思わぬところで余分な脂質を摂っているかもしれません。

例えば、普通盛りのごはん1杯は140gで235㎉。大盛りの240gになると403㎉です。**1日3食大盛りごはんを食べたら、計504㎉上乗せされることになります。これを脂肪量に換算すると、およそ72g。1か月で2kg以上の脂肪量に相当します。**

その腹周りの脂肪は、使い道のないエネルギーが行き着いたものと思ってください。しかもその脂肪は筋肉と違って、今後の人生の中でなんの利益ももたらしてくれないものなのです。

まずは、いまの自分の年齢と生活に見合った食事量と実際の食事摂取量をすり合わせること。そのうえで筋トレで筋肉を養い、基礎代謝の底上げを。

1日に必要なエネルギー

30～40代男性
2650㎉
（生活活動強度：普通）

50～60代男性
2450㎉

40代男性　2650㎉の献立例

	メニュー	概量
朝食	トースト	2枚
	ハムエッグ	卵1個・ハム1枚
	サラダ	ポテトと野菜のサラダ
	牛乳	200㎖
	果物（イチゴ）	70g
昼食	タンメン	1人前
	餃子	5個
	果汁入り野菜ジュース	200㎖
夕食	ごはん	230g
	サバの味噌煮	1人前
	きんぴら	1人前
	ホウレンソウのおひたし	1人前
	味噌汁	1人前

食生活編

05

植物性タンパク質も日本人のマストアイテム。なかでも注目すべきは、納豆

アミノ酸スコアが高い食材であるほど、栄養効率が良く筋トレには有効、という話をすでにしました。

アミノ酸スコアが100というタンパク質食品の代表格は、牛・豚・鶏肉などの肉類、マグロやアジ、イワシなどの魚類、牛乳やヨーグルトなどの乳製品、卵など。つまり動物性のタンパク質食品です。ならば、トレーニング時はこうした食材さえカバーしていればいいかというと、必ずしもそうとは限りません。

植物性タンパク質の代表格、大豆もまた積極的に摂り入れたいタンパク質食品だからです。その理由のひとつは、私たち日本人が古くから大豆を利用した食生活を続けてきたということ。豆腐や枝豆、きな粉、おからなどの食材は日常的に口にしてきましたし、味噌、醤油といった和食の基本調味料の材料も大豆です。それだけ常食してきたということは、**日本人のカラダには大豆タンパク質を消化する酵素が十分に備わっていることを意味します。**

さらに、大豆タンパク質には動物性タンパク質のようにコレステロールが含まれていません。それどころか、大豆によって血液中のコレステロール値が減るということが、多くの文献で証明されています。

しかも低カロリーで食物繊維が多く含まれていることも大きなメリットです。食物繊維には腸内環境のバランスを整える役割がありますから、栄養の吸収効率を下支えする効果も期待できます。

さて、大豆のアミノ酸スコアは86。動物性のそれに比べて必須アミノ酸のバランスはやや劣ります。つまり、利用されないアミノ酸は余剰分になってしまうことになります。これをクリアするための方法は簡単。動物性タンパク質と組み合わせて摂ればいいのです。

例えば、納豆と卵を混ぜて食べる。または鍋料理などで豆腐と白身魚を一緒に食べる。肉豆腐やバンバンジー豆腐なども植物性タンパク質のアミノ酸を有効活用できるメニューです。

大豆製品の中でも、とくに納豆はおすすめの食材です。納豆は発酵食品なので、より腸内環境のバランス調整に有効です。また、複数のアミノ酸が組み合わされたペプチドやナットウキナーゼと呼ばれる酵素が骨生成を促してくれるという報告もされています。重い負荷を扱うウエイトトレーニングをする際には、筋肉だけでなく骨にも物理的な負荷がかかります。そのダメージからカラダを守るためにひと役かってくれるというわけです。

筋トレというと、よく鶏のササミや豚のヒレ肉などが定番とされていますが、**動物性タンパク質と植物性タンパク質をうまく組み合わせることが本当に賢い筋トレの栄養学なのです。**

食生活編

06

必要なタンパク質量には個人差がある。筋トレ時には体重1kg当たり1.6gが必要

ここで、1日に必要なタンパク質の量を考えてみましょう。

炭水化物、脂質、タンパク質の3大栄養素の割合でいうと、一般的にタンパク質が占める比率は1日に摂る総エネルギー量のおよそ15％に相当します。と言われても栄養の専門家でない限り、いちいちこれを計算するのは、とても面倒。

もう少し具体的に見ていくと、体重1kg当たり必要なタンパク質の量は推定平均必要量で、

・体重×0・74

推奨量は、

・体重×0・93

となっています。体重70kgであれば、70×0・93＝65・1g摂れていれば、ひとまずOKということになります。

ただし、この数値はあくまで定期的な運動習慣がないという人の場合です。それなりの運動負荷をカラダに与えるときは、その運動に耐えられる筋肉を維持するためのタンパク質が必要になります。

例えば、定期的にランニングをするという人なら、体重1kgにつき1.2～1.4gが必要です。**筋トレをするという人なら、1.6～1.7gが適正量となります。**バーベルなどの重い負荷を扱うレジスタンストレーニングならさらに、1.8～2.0gが必要といった具合です。

食品に含まれるタンパク質量（g）

卵	1個	6
牛乳	コップ1杯	6
ヨーグルト	1カップ	6
牛ステーキ	200g	37
牛丼	並1杯	17
ホットドッグ	1個	12
鶏ササミ	1本	8
サンマ	1尾	16
鮭	1切れ	12
ツナ缶	1缶	20
ウナギ蒲焼き	1枚	18
納豆	1パック	6
豆腐	1丁	20

自重による筋トレをしている体重70kgの人の場合なら、1日に112～119gのタンパク質を摂る必要があります。といってもこれは、豚ヒレや鶏のササミを10 0g強摂ればいいという話ではありません。**100%タンパク質で構成されている食品はないので、その食品に含まれているタンパク質量を考えながら摂る必要があります。**豚ヒレ肉なら、100g中に含まれるタンパク質は22g強。およそ500gを食べてクリアできることになります。

大変な量にも思えますが、**カラダが一度に吸収できるタンパク質の量は40g程度です。一度の食事でこの数値をカバーできればいいという話です。**

しかも、単一のタンパク質食材ではなく、植物性と動物性のタンパク質をうまく組み合わせて食べることが重要なのは、もう言うまでもありません。

食生活編

07

人気の糖質制限ダイエット。筋トレ時に実践すると、かえって筋肉が減ることになる

ここ数年、糖質を制限するダイエットが注目を浴びています。1日1~2食、極端な場合は1日3食すべてにおいて糖質をカットするダイエット法です。

ごはん、パン、麺など主食の炭水化物や甘いもの、トマトやニンジンなど糖質の多い野菜、アルコールもビールや日本酒など糖質の多いものを避けて、そのかわりにタンパク質をしっかり食べるというのが基本のやり方。ただし、誤解も多い方法です。

ヒトはグリコーゲンというエネルギー源を糖質から合成し、肝臓や筋肉に貯蔵します。グリコーゲン1個の分子に水が3~4倍結合しているため、筋肉や肝臓は水分を含み、みずみずしいのです。ところが、糖質を制限するとグリコーゲンがつくられず、結果として体内に貯蔵される水分量が減り、体重減となります。つまり、短期間で減るのは水分で脂肪ではないのです。

さらに、1日に必要な総エネルギーのおよそ半分は炭水化物によってまかなわれています。これを丸々カットして、なおかつ

エネルギーを確保しようとすれば、大量のタンパク質を食べる必要があります。それならば筋トレ時はタンパク質が必要だし、体重が落ちるのであれば一石二鳥、などと考えてはいけません。例えば肉食に偏った場合、コレステロール値が跳ね上がるリスクが考えられます。実際、最も実践しやすい夜だけ糖質制限の場合でも、肉ばかり食べていると、コレステロール値の上昇が見られる人が少なくないといわれています。

また、なにより、運動する際はカラダを動かすエネルギーを確保する必要があります。最も速やかにエネルギーに変換される栄養素は炭水化物に含まれる糖質です。糖質はわずかな分しか体内にプールできません。そこで、運動時、足りない分を補おうとカラダは体内のタンパク質を分解して、新たに糖をつくり出そうとします。

そう、**せっかく鍛えようとしている筋肉が、そのそばからどんどん分解されていくことになるのです。**

内臓にも余分な負担がかかります。タンパク質から新たに糖をつくり出す〝糖新生〟と呼ばれる作業は肝臓で行われます。肝臓は栄養素として吸収したアミノ酸からタンパク質を合成したり、食物中のタンパク質から発生するアンモニアの分解なども担当しています。そこにさらに糖新生による余分な負荷がかかることになります。

腎臓も同様です。タンパク質がエネルギーとして使われた後、その燃えカスの尿素窒素が発生します。通常、尿素窒素は腎臓でろ過されて排出されますが、あまりに大量の尿素窒素が生じることで腎臓がフル稼働しても処理が追いつかなくなります。

普段の主食はやや控えめに。それよりも、つい口にしてしまう、甘いものやカップ麺、油脂の摂取量を控えることが先決です。

食生活編

08

タンパク質だけ摂っても野菜が不足すれば筋肉は効率的につくれない

タンパク質だけ摂っていても、筋肉を思い通りにつくることはできません。意外に思われるようですが、野菜や果物をしっかり食べなければ筋肉をつくるどころか、逆にケガのリスクが高まります。

その理由は以下の通りです。

筋肉の発達にはふたつの方向性がありま す。ひとつは筋肉の細胞が増えていく筋増殖。もうひとつは筋肉の最少単位である筋線維1本1本が太くなる筋肥大。一般的な筋トレによる筋肉の発達は後者が主流です。

筋線維が太くなると、隣り合う筋線維や筋肉を包んでいる筋膜との接地面積が減ることになります。楊枝を束ねたときは隣同士の楊枝はほぼ密着した状態になりますが、丸太を束ねたときはあちこちスペースができるのと同じ理屈です。

その結果、何が起こるかというと、いわゆる〝肉ばなれ〟が生じやすくなります。互いの接地面積が少ないため、筋線維同士がはがれたり、筋膜が部分的に損傷したりするわけです。

こうした肉ばなれを防いでくれるのが、野菜や果物に豊富に含まれるビタミンC。

ビタミンCには保水力があるので、筋肉の粘度が高まりはがれにくくなります。また、筋肉と骨の付着部、腱や靭帯などを構成するコラーゲンの合成も促します。つまり、筋肉が太くなればなるほど、野菜や果物を食べることが重要になってくるわけです。では量はどのくらい摂ればいいのでしょう。

タンパク質と同じ重量、できれば2倍の量を摂ることが理想です。ステーキを１５０g食べるなら野菜を１５０～３００g。するとお腹周りも引き締まってきます。

ビタミンCは野菜ならパプリカ、ピーマン、芽キャベツ、ゴーヤ、果物ならレモンやキウイに豊富に含まれています。

また、キノコやサヤエンドウ、ブロッコリーなど色の濃い野菜に豊富なビタミンB群も筋トレには不可欠。ビタミンB群はエネルギーの代謝を促したり、筋肉の合成にかかわるからです。

これらの栄養素をサプリメントで補給する方法もありますが、ふだんの食事で野菜や果物を積極的に摂る習慣をつけることも、**〝大人の筋トレ〟**のたしなみなのです。

食生活編

09

タンパク質をたくさん摂るときはカルシウムの量も上げて、骨の強化をはかる

筋トレ時にはふだんよりタンパク質の摂取量を増やす。筋肉づくりにおいて、これは鉄則。ただ、このとき忘れられがちなのが骨の強化です。

ご存知の通り、骨の材料となる栄養素はカルシウムです。カルシウムは人の体内に最も多く存在しているミネラルです。体内のカルシウムを100%とすると、このうち99%は骨の中に貯蔵されています。残りの1%はイオンとしてカラダのあらゆる部分に一定の濃度で存在しています。

1%のカルシウムの働きはじつはとても重要で、細胞の中と外の濃度の違いによって細胞同士の情報を伝達するという役目を果たしています。筋肉の収縮もカルシウムの濃度変化によってコントロールされているのです。

この重要な働きを維持するため、カラダには次のようなシステムが備わっています。**カルシウム不足で体内の濃度が下がると、カラダは骨に貯蔵されているカルシウムを溶かして血液中に放出させます。**口から摂

るカルシウムは不足しているのに、血液中のカルシウム濃度はしっかり保たれている。そんな、ある意味ではパラドックスが生じるのです。

これによって、細胞同士の情報伝達の仕事をカバーすることはできます。その一方で、**骨から溶け出したカルシウムは再び骨の中に戻ることができません。すると当然、骨密度が減ってしまいます。**骨の中に〝す〟が入ったようなスカスカな状態になってしまうのです。筋トレは筋肉だけでなく骨にも物理的負荷をかけるので、**骨密度が下がればケガのリスクがおのずと高まるというわけです。**

また、タンパク質の摂取量が上がると、さまざまな食品に含まれるミネラル、リンも同時に体内に入ってきます。カルシウムとリンは非常に相性が良く、腸管でくっついて体外に排泄されるしくみがあります。が、リンが多すぎるとカルシウムが排泄されて不足し、ますます骨の強度が低下することがわかっています。

それだけではありません。口から摂るカルシウムに比べて骨から溶け出したカルシウムは、体外に排泄されにくいという特徴を持っています。もともと骨を構成する材料として、カラダの中に存在していたからです。

カルシウム不足によって血液中にカルシウムがだぶついてしまうと、関節や腱などに固まってくっついたり、血管を傷つけてしまうこともあります。

カルシウムはさまざまな栄養素の中でも日本人に不足しがちなミネラルのひとつ。ヨーグルトなどの乳製品や丸ごと食べられる小魚、大豆や葉もの野菜、海藻類などに豊富なので、タンパク質とともにこれらの食品も組み合わせていきましょう。

食生活編
10

トレーニング後だけプロテインを摂っても効果なし。プロテインは食事の補完と考える

筋トレを始めたら、やはりプロテインを摂り入れた方が効率のいいカラダづくりができる。多くの人はそんなふうに思っています。ただし、これは半分正解、半分不正解です。

トレーニング後だけプロテインを摂っても、あまり意味はありません。血液中のアミノ酸の量をつねに一定にキープし、速やかに筋肉の材料として適所に送り込めるかがカラダづくりのポイントです。それには、プロテインよりも何よりも1日3度の食事で、いかにしっかりタンパク質を摂取するかが最重要課題になってきます。

スポーツにおけるサプリメントは必要な栄養素を補うダイエタリーサプリメントと、運動のパフォーマンスや運動効果を上げるためのエルゴジェニックエイドの2種類に分けられます。前者は日常的な栄養補給の下支えが目的なのに対して、後者は運動をするカラダのために開発されたツールです。

プロテインを摂り入れるなら、まずは前者のダイエタリーサプリメントとして活用

食事とサプリメントの関係

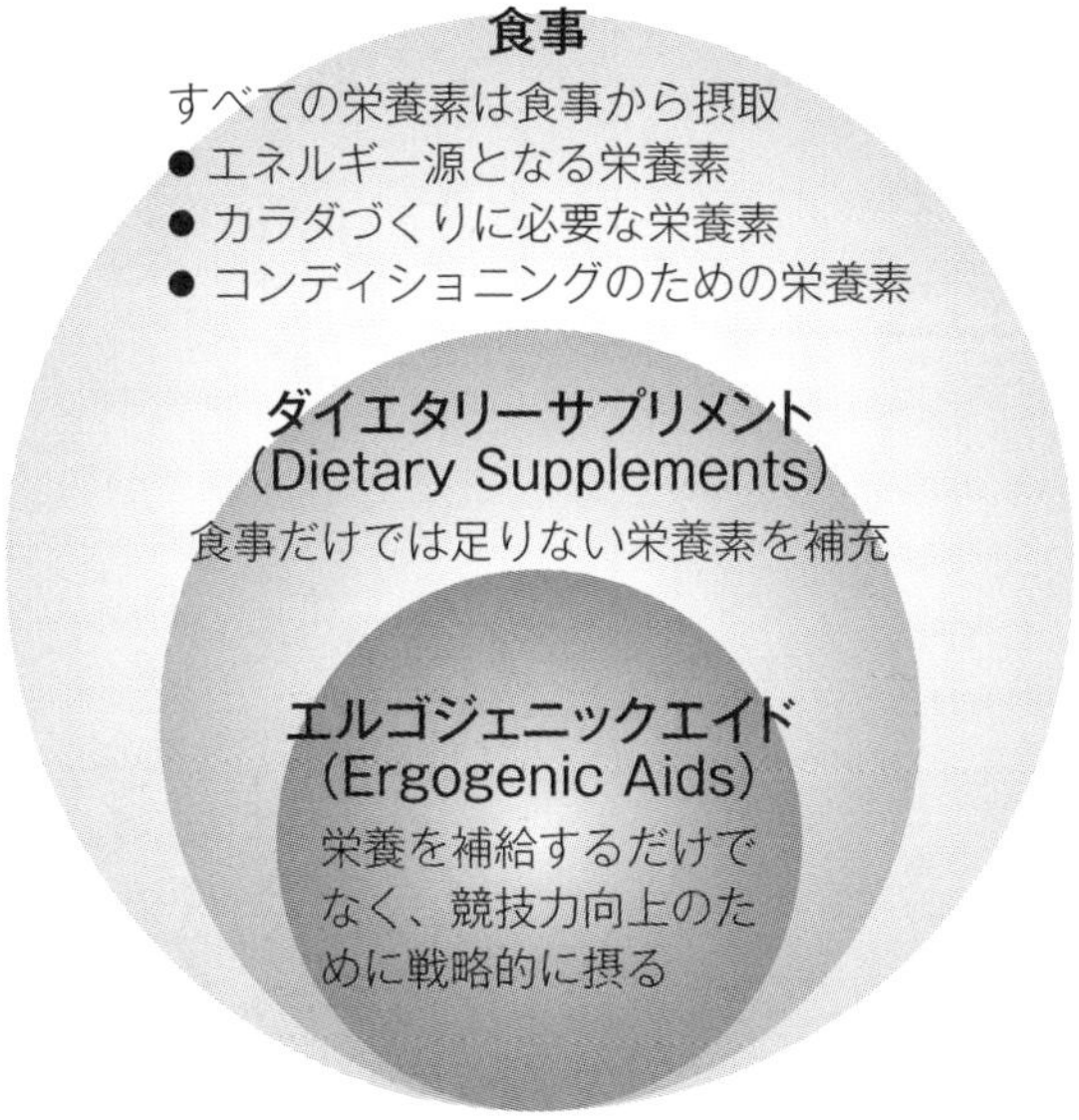

するのがおすすめです。トレーニング時は体重1kg当たり1.6～1.7gのタンパク質が必要なことは、すでに説明した通りです。体重70kgなら、1日に112～119g。これだけのタンパク質補給は食事だけでは補えない、という場合にプロテインを活用する方法です。

本来なら肉を200g食べてタンパク質を補給したいけれど、若い頃に比べて消化吸収能力が衰えていたり、カロリーオーバーになるリスクがあったり。それなら肉は100gにしておいて納豆を1パックプラスし、さらにプロテインを15g摂取する。中年以降の筋トレ時の栄養補給としては、こうしたプロテインの使い方が最もスマートといえるでしょう。

また、夕食で肉をたくさん食べるのが大変というときは、プロテインより吸収が速やかなアミノ酸を牛乳とともに摂る。そんな方法もまたありです。

まずは、1日3度の食事でタンパク質をリッチにする。そのために食事の補完としてプロテインを利用する。こうした知識と意識を持つことが、プロテインを使いこなすコツなのです。

食生活編
11

トレーニング直後のプロテインは糖質とともに補給すると最大限に活用できる

1日3度の食事でタンパク質をしっかり摂っている。この条件を満たしているなら、運動後のプロテイン補給にも俄然、意味が出てきます。

運動直後にはカラダを修復するためのホルモン、成長ホルモンが盛んに分泌されています。このタイミングを逃さずに、筋肉の材料であるプロテインを摂ることが非常に重要です。**理想をいえば運動後30分以内にプロテインを補給することがおすすめです。**このタイミングで利用するプロテインは、食事を補完するダイエタリーサプリメントではなく、運動後のツールとしてのエルゴジェニックエイドだと考えてください。

さて、このときの補給の方法には、ちょっとしたポイントがあります。**プロテインを単独で摂るのではなく、糖質とともに摂る、ということです。**

まずひとつに、運動直後は筋肉中に蓄えられている糖質がエネルギーとして使われて極端に減った状態になっています。運動後にはカラダを修復するために、エネルギーが必要です。糖質が減ったガス欠状態では、筋肉がどんどん分解されてエネルギーとして使われてしまいます。これを防ぐことが糖質を摂る理由のひとつ。

もうひとつは、糖質を体内に入れることで血糖値を下げるインスリンというホルモンを分泌させるためです。インスリンの役割は糖質やアミノ酸など必要な栄養素を筋肉中に送り込むこと。せっかく筋肉の材料を補給するのであれば、速やかにデリバリーされる方がより有効というわけです。

運動直後のタンパク質と糖質の摂り方には、黄金比率があります。タンパク質1に対して糖質を3。1：3の比率で補給すると吸収効率が最大限になるという実験データがあるのです。

運動後のプロテイン摂取量の目安は、体重の6分の1の数値をgにした量。体重70kgなら12g弱。この3倍の糖質を補給するのがベストです。100%オレンジジュースなら約300㎖でカバーできます。

1：3の比率のタンパク質と糖質がすでに配合されているプロテインタイプもあるので、こちらを利用する手もありです。

筋グリコーゲン量の回復の早さ (mmol/g protein/h)

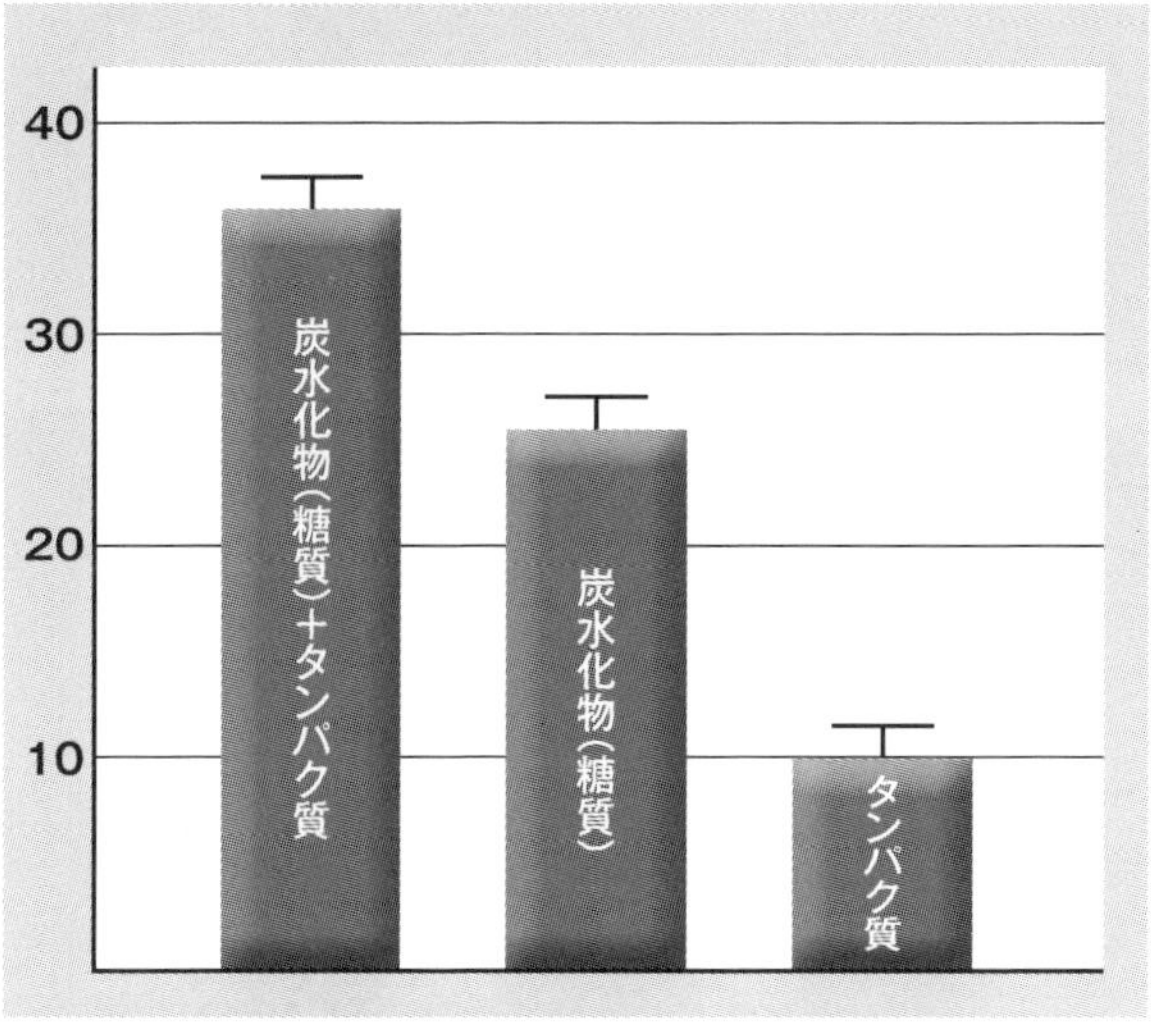

タンパク質のみ、炭水化物（糖質）のみを摂ったときより、両方を同時に摂った方が筋肉の回復が早い。
Zawadzki KM,.1992より

食生活編
12

ホエイ、カゼイン、ソイ。プロテインは目的で使い分ける

プロテインには大きく分けて3つの種類があります。ひとつは、牛乳に含まれる乳清を利用したホエイプロテイン。同じ牛乳を原料としていますが製法が特殊なカゼインプロテイン。そして大豆からつくられるソイプロテインです。吸収率が最も速いのがホエイプロテインで、筋トレをする人の多くが利用している主流アイテムです。このうち、タンパク質含有率が高いものをアイソレートタイプと呼び、タンパク質以外の栄養素も含むものをコンセントレートタイプ（ミックスタイプ）といいます。

筋トレでカラダづくりに励んでいる人の多くは、ホエイアイソレートを好んで手にします。ただし、繰り返しになりますが、**1日3度の食事がしっかり摂れていない状態で吸収のいいプロテインを飲んでも、かえって逆効果になることがあります。**

すべての栄養素、とくにタンパク質は消化吸収されるプロセスでエネルギー源となる糖質、ビタミンやミネラルなどの補酵素が必要です。いくら吸収が良くてもタンパク質単体だけ摂っていては、筋肉に運ばれずに余ってしまいます。余った分は当然、

脂肪として蓄えられるので、**筋肉をつくるつもりのプロテインが脂肪に変換されてしまうというわけです。**

いきなり大量のプロテインをカラダに入れても、使い切れずに余らせてしまっては意味がありません。持続的にカラダの中で活用できるよう、時間差で消化吸収されるプロテインの方が有効だという考え方もあります。最近では、吸収の速いホエイと、ホエイの後にゆっくりと吸収されるカゼインの両方が配合されているプロテインも登場しています。

基本的なプロテイン活用法は以下の通り。

体重やコレステロールが気になる人は、植物性のソイプロテインをあえてチョイスする。それ以外の人なら、運動直後にはホエイアイソレート、運動の翌日の朝にもホエイプロテイン。こちらはアイソレートなら朝食とともに摂ることが必須。

昼食のタンパク質補給の補完には、カゼインを利用する手もあります。持続的にタンパク質が消化吸収されるので夕方以降にトレーニングを予定している日などにはおすすめです。

ヨーグルトなどの上澄み液に含まれる乳清が原料のホエイプロテイン。タンパク質の中でも利用効率が高い。

牛乳の成分が原料だがホエイとは製法が違うカゼイン。ホエイの混合型プロテインは持続的に吸収される。

大豆を主原料としたソイプロテイン。腹持ちがよく引き締まったカラダづくりにおすすめ。

食生活編 13

魚油や植物性油。オメガ-3系の油を摂って若々しいカラダをつくる

肉や牛乳、プロテインをたくさん摂って筋トレに励む。若い頃なら、それだけでも筋肉は養えるでしょう。しかし、30代後半以降になったら、そうはいきません。

一定量以上のタンパク質をカラダに摂り入れるということは、ある意味ハイリスクハイリターン。筋肉が養える一方で、脂肪やコレステロールを摂り入れるリスクが高まります。初心者のうちは慣れない運動で活性酸素が大量に発生し、それが脂肪と結びついて過酸化脂質となり、老化や動脈硬化などの原因になることも。

そこで、中年以降に筋トレを始める場合は、油の摂り方にひと工夫が必要です。まず、脂肪の構成成分、脂肪酸の種類に注目すること。**脂肪酸は、動物性脂肪に多く含まれる飽和脂肪酸と、植物や魚に多く含まれる不飽和脂肪酸に大別されます。**

飽和脂肪酸は動脈硬化や脂質異常症との関連が深く、不飽和脂肪酸はこれらを予防する効果を持つといわれています。なかでも、**オメガ-3系と呼ばれる脂肪酸は、体内での炎症反応や血管に由来するさまざまな症状を予防したり、筋周囲の神経損傷を**

保護したりする効果が期待できます。

ふだんの食事で飽和脂肪酸やオメガ-6系と呼ばれる脂肪酸は十分な量が補給できています。これに対して、オメガ-3系は意識的に摂取する必要があります。

具体的には、しそ油やえごま油などに含まれるα-リノレン酸、マグロや青魚に含まれるDHA、EPAの3種類がオメガ-3系の脂肪酸です。

これらの脂肪酸は体内では有効な働きをしますが、空気中では非常に酸化しやすいという特徴があります。ですから、しそ油やえごま油は加熱せずに、サラダやスープにそのままかけて食べる。酸化しないうちに使いきれる少量のポーションで買うというのもポイントです。青魚はできるだけフレッシュなものを生で食べるというのが理想的です。

おすすめの食べ方は、マグロやタイ、イワシなどに、しそ油やえごま油をかけたカルパッチョ。DHA、EPA、α-リノレン酸を同時に摂ることができます。ちなみに青魚の干物はすでに油が酸化しているので、常食はおすすめできません。

脂肪酸にはさまざまな種類がある

分類			おもな脂肪酸	多く含む食品
飽和脂肪酸			バルチミン酸 ステアリン酸 ミリスチン酸 ラウリン酸	パーム油、やし油、豚脂（ラード）、牛脂（ヘット）、バターなど
不飽和脂肪酸	一価不飽和脂肪酸		オレイン酸	オリーブ油、菜種油（キャノーラ油）、種実、調合サラダ油
不飽和脂肪酸	多価不飽和脂肪酸	オメガ-6系脂肪酸	リノール酸	紅花油（サフラワー油）、ひまわり油、綿実油、大豆油、コーン油、ごま油、クルミなど
不飽和脂肪酸	多価不飽和脂肪酸	オメガ-6系脂肪酸	γ-リノレン酸	月見草油など
不飽和脂肪酸	多価不飽和脂肪酸	オメガ-6系脂肪酸	アラキドン酸	レバー、卵白、サザエ、伊勢エビ、アワビ
不飽和脂肪酸	多価不飽和脂肪酸	オメガ-3系脂肪酸	α-リノレン酸	しそ油、えごま油、亜麻仁油、しそ、えごまなど
不飽和脂肪酸	多価不飽和脂肪酸	オメガ-3系脂肪酸	DHA（ドコサヘキサエン酸）	ホンマグロ脂身、養殖マダイ、ブリ、サバ、養殖ハマチ、ウナギ、サンマ、サワラ
不飽和脂肪酸	多価不飽和脂肪酸	オメガ-3系脂肪酸	EPA（イコサペンタエン酸）	養殖ハマチ、マイワシ、ホンマグロ脂身、サバ、養殖マダイ、ブリ、ウナギ、サンマ

食生活編
14

トレーニングがハードになってきたら、発酵食品や鶏の胸肉で対応を

ある程度、筋トレを続けて、いよいよカラダづくりの追い込みへシフトするとき。とくに意識して摂りたい食品がいくつかあります。

まず、ひとつは発酵食品。漬け物、キムチ、納豆、味噌などです。

ハードな運動を続けることによって免疫力が低下することがあります。例えば、フルマラソンの後、多くの人が風邪などの感染症にかかることが知られています。

腸管には外から侵入してくる細菌やウイルスを防いでくれる抗体が多く存在しています。発酵食品に含まれる植物性乳酸菌には、この腸管免疫システムを強化する働きがあるのです。

また、動物性タンパク質を日常的に食べていると、腸内の悪玉菌が増えて腸内環境が悪化。植物性乳酸菌は、善玉菌を増やしてそのリスクを減らす役割も果たします。

次に鶏の胸肉。**近年、渡り鳥の羽の付け根に、ある種の疲労回復物質が多く含まれていることがわかりました。ふたつのアミノ酸が結合した物質で、その名をイミダゾールジペプチドといいます。渡り鳥が長距**

離を飛び続けることができるのは、体内でこの物質を合成しているからだと考えられています。回遊魚のマグロやカツオにもこの物質は豊富に含まれています。

これまでのカフェインなどの疲労回復成分は、覚醒作用で疲労感をマスクするといったものがほとんど。一時的には元気になりますが、その実カラダを酷使することになっていました。これに対して**イミダゾールジペプチドには強力な抗酸化作用があり、体内に発生した活性酸素が細胞の機能を低下させるのを防ぎます。つまり、疲労の根本原因を取り除く作用があるのです。**

ヒトがイミダゾールジペプチドを摂取すると肉体的な疲労感が軽減し、脳にも作用して疲れた自律神経などの回復にも効果が認められることがわかっています。

最近ではサプリメントも登場しているので、手軽に補うこともできますが、食品でいえば鶏の胸肉にもイミダゾールジペプチドが含まれています。

トレーニングがハードになってきたら、こうした栄養素や食品を摂り入れることも考慮してみてください。

賢く利用したい疲労栄養素

栄養素	働き	多く含まれる食品
植物性乳酸菌	腸内環境を整える 免疫力の底上げ	納豆、漬け物、キムチ
αリポ酸	抗酸化作用	ジャガイモ、トマト、ホウレンソウ
クエン酸	エネルギー生成を助ける	柑橘系フルーツ、梅干し、酢
コエンザイムQ10	エネルギー生成を助ける	イワシ、牛乳、ブロッコリー
イミダゾールジペプチド	抗酸化作用、疲労軽減作用	鶏胸肉、マグロ、カツオ

食生活編
15

コンビニでは単品の組み合わせが理想的。とくに狙い目はフルーツ

忙しい毎日の中では、ときにコンビニで食事をまかなうこともあります。ただコンビニは選ぶ食品によって、カラダづくりをサポートする食事にもなりますし、逆に不健康に太るだけの食事にもなります。

迷ったときの定番は、主食、主菜、副菜がバランス良く含まれている幕の内弁当系。ただし揚げ物が多いものはNGです。

理想をいえば左ページのリストのように、主食、主菜、副菜、乳製品、果物を単品で揃えていくことがおすすめです。最近ではミニトマトなど生鮮野菜もあるので、積極的に利用を。

また日本人が世界の中で比較して、摂取量が少ない果物も、ぜひ摂り入れたいアイテム。リンゴ、キウイ、パイナップルなどには、タンパク質分解酵素が含まれていて、消化の負担を軽くしてくれます。もちろん、ビタミンの供給源にもなります。コンビニではカットフルーツとして手軽に入手できるので、活用を。

逆にNG例はカップラーメン＋フライドチキンといった、油脂や骨をもろくするリンが過剰な組み合わせです。

コンビニ食品の組み合わせをイメージする

主食	炭水化物	ごはん／おにぎり／すし／サンドイッチ／麺類／中華まん／春雨スープ／おでん（餅きんちゃく、ちくわぶ）
主菜	タンパク質	弁当、丼（具）／厚焼き卵／ゆで卵／温泉卵／豆腐／納豆／焼き鳥／餃子／シュウマイ／ハム／ボイルチキン／魚の煮付け／魚の缶詰／おでん（ちくわ、厚揚げ、がんも、はんぺん、牛すじ、卵）
副菜	ビタミン ミネラル 植物繊維	サラダ／ホウレンソウのゴマあえ／おひたし／ひじきの煮物／野菜の煮物／酢の物／もずく／キムチ／漬け物／おでん（大根、昆布）／豚汁
乳製品	タンパク質 カルシウム	牛乳／ヨーグルト／チーズ
果物	炭水化物 ビタミンC	果物／カットフルーツ／100%果汁ジュース／ドライフルーツ

NG パターン

カップラーメン
＋
フライドチキン
＋
缶コーヒー

OK パターン

幕の内弁当
＋
野菜サラダ
＋
カップヨーグルト
＋
カットパイン

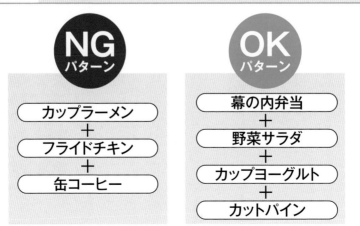

食生活編

16

トレーニングをする日は、食事以外の間食でエネルギーとタンパク質を補充

筋トレをするタイミングは、仕事が終わって帰宅した後というのが最も現実的。ということは、昼食を食べてからかなり時間が経っていることになります。運動するためのエネルギーも、血液中のアミノ酸の量も低下しているはず。

そこで、トレーニングをする日は間食を取り入れて、運動に対応できるエネルギーとタンパク質を補給する必要があります。

例えば、1本のバナナを口にするだけでも、トレーニングには有効です。バナナには実際のエネルギーになってくれる糖質、またエネルギー代謝に必須のビタミンB群が含まれています。さらに、筋肉を収縮させるために必要なミネラル、カリウムやマグネシウムも豊富です。エネルギーや運動に必要なビタミン、ミネラルはバナナで補い、タンパク質はヨーグルトか牛乳でカバーすれば、完璧です。

プルーンやマンゴーなどのドライフルーツもおすすめです。果物に含まれているビタミンCなどは乾燥させることで失われますが、エネルギーとなる糖質、食物繊維、カリウムやカルシウムといったミネラルは

ほぼそのまま残っています。食物繊維は腸内環境を整えて、コレストロールの排泄を促します。各種ミネラルは筋肉の運動をサポートしてくれます。また、色のついたフルーツにはアントシアニン、カロテンなど抗酸化成分も豊富。運動によって生じる活性酸素の害を防ぐことにもなります。

ナッツからも手軽に必要な栄養が補給できます。良質の植物性脂肪、タンパク質、食物繊維、ビタミンB群のほか、カリウムやカルシウム、マグネシウムが豊富に含まれています。おすすめはアーモンド。油で揚げたものや砂糖でコーティングしたものではなく、ローストタイプのものを選んでください。ちなみに、ナッツはご存知の通り、高カロリー食品。食べすぎは禁物です。アーモンドなら1日25粒までが上限と考えてください。

運動する前に、血糖値を上げておくという意味では、おにぎり1個、サンドイッチ1パックなどを口にしておくのも良いでしょう。どれを選ぶにしろ、エネルギーとタンパク質を充填してトレーニングを。

食生活編

17

筋トレする日は基本的に禁酒。しない日は低脂肪高タンパクつまみで適量を

トレーニングをした後の一杯。こたえられないおいしさがありそうですが、カラダにとってはあまりいい話ではありません。

胃や小腸から吸収されたアルコールは、おもに肝臓でアルコール脱水素酵素によって分解され、アセトアルデヒドという有害な物質に変換されます。このアセトアルデヒドはやはり肝臓でアルデヒド脱水素酵素によって無害な酢酸に変換されます。何百という体内の化学反応を一手に引き受けている肝臓にとって、これは結構な労力といえます。

運動刺激によって一度壊れた筋肉を補修するため、体内ではトレーニング後に補給したプロテインなどからタンパク合成が行われます。このバラバラの状態で運ばれてきたアミノ酸を組み合わせてカラダに必要なタンパク質をつくるのも、やはり肝臓の仕事です。

ですから、トレーニングで追い込んだ日の飲酒というのは、肝臓にとって二重の負担になるわけです。いっそ「運動する日は

休肝日」と決めてしまうのが、カラダのためにはおすすめです。

では、トレーニングしない日は好きなだけ飲んでいいかというと、もちろん否です。次のような基本ルールがあります。

アルコール健康医学協会では純アルコール量の摂取量の上限は40gとされています。ビールなら中びん2本、日本酒なら2合、焼酎なら1.2合、ワインならボトル半分というのが目安量です。厚生労働省が「節度ある適度な飲酒」としているアルコール摂取量は、さらにこの半分の数値です。とくにトレーニングでカラダを絞っている最中は、純アルコール40ｇの上限を上回らないようにしたいものです。

飲むときのつまみのルールは、むろん低脂肪高タンパク質食。上のOKフード、NGフードを参考に、適量のアルコールとともに楽しむ工夫を。

食生活編 18

時間のないときはレトルト食品を調味料がわりに活用する

食事のタイミングを逃してしまったときの帰宅後。**重宝するのがレトルト食品やインスタント食品、缶詰などです。こうした日持ちする食品をストックしておくことが、カラダづくりの食事のポイントのひとつとなります。**

油脂がたっぷり含まれた菓子パンやスナック菓子、揚げ物満載の弁当を買って食べるよりずっと栄養バランスのとれた食事を作ることができます。しかも、驚くほど手軽にです。

例えば、カレーやパスタのトマトソース、牛丼の素、ビビンバ、中華丼の具などのレトルト食品は調味料がわりに活用することができます。

これらのレトルト食品を、調味料と考えると、作り置きや冷凍の野菜を加えて手軽に野菜量を増やしたり、豆腐や厚揚げ、卵を加えたりすることでタンパク質量を増やすなど、簡単におかずを作ることができます。また、ごはんや冷凍うどんなどを足せば主食にもなります。

タンパク質をもう少し増やしたいというときは、サバやツナの缶詰や大豆の水煮缶、

目的によってレトルト、缶詰、冷凍食品を活用

お助けソース

ミートソース、ホワイトソース、ホールトマト、レトルト丼（親子丼、牛丼、中華丼、カレーなど）

タンパク質を増やしたいとき

大豆水煮、枝豆、魚の缶詰（ツナ、鮭、サバなど）、鮭フレーク

野菜を増やしたいとき

ミックスベジタブル（冷凍）、ホット野菜ミックス（冷凍）、茹でブロッコリー（冷凍）

鮭フレークなどを利用することもおすすめです。

サバの水煮缶（ツナの水煮缶でも可）は器に移してレンジでチンしてオリーブオイルと醤油をかければ、立派な主菜になります。大豆の水煮缶はトマトソースに加えて煮れば、ミネストローネ風のスープになります。鮭フレークは市販のサラダにトッピングすればタンパク質増量になります。

自炊をする場合、理想をいえば、食品添加物の入っていない生鮮食材を一から調理するというのが望ましいところです。けれど、現代人のライフスタイルで毎日そんな食事スタイルを実践することは現実的ではありません。独身の男性ならばなおさらです。ならば、ストック食材をあらかじめ用意しておき、栄養バランスを整える。そんなテクニックを身につけることが重要なのです。

食生活編

19

筋トレ時には朝食はマスト。手軽にできるレシピをマスターしておく

昨日はトレーニングでそこそこ自分を追い込んだ。そんな日の朝、忙しいことを理由に朝食を抜いて家を出る。これは厳禁です。トレーニング後は運動刺激にさらされたカラダを修復するために、大量のエネルギーが必要です。ひと晩でカラダは回復しないので、翌日の朝にも通常以上のエネルギーが要求されています。

ここでエネルギー源である糖質や筋肉の材料となるタンパク質を補給しておかないと、筋肉が分解されてエネルギーに回されてしまうのです。これではプラマイゼロ、もしくはマイナス効果。筋トレを行う意味がまるでなくなってしまいます。

よって、**筋トレ翌日の朝食はマスト**と考えてください。

時間がないときは簡単にできるジュースやフライパンひとつで主食と主菜、野菜が一度に摂れるパン食。時間があるときは一汁三菜の定食スタイルの朝食作りに挑戦してもいいでしょう。朝食作りもトレーニングのうち、と考えてください。

時間に余裕のないときの栄養満点ジュース

ベジラテ

材料
果汁入り野菜ジュース120cc、牛乳100cc
作り方
ジュースと牛乳を混ぜて完成。

ベリーとトマト、アサイーのジュース

材料（1人分）
ミックスベリー（冷凍）60g、ミニトマト4個、アサイーパルプ（冷凍）100g、100%リンゴジュース100cc
作り方
半解凍したアサイーパルプとその他の材料をブレンダー（ミキサー）でなめらかになるまで混ぜる。

ブロッコリーとバナナのジュース

材料（1人分）
ブロッコリー（冷凍でも）40g、バナナ½本、ヨーグルト50g、牛乳100cc、きなこ小さじ1、はちみつ適宜
作り方
茹でたブロッコリーとすべての材料をブレンダー（ミキサー）に入れて、なめらかになるまで混ぜる。

ポイント

ブロッコリーとバナナはカルシウム、マグネシウムの補給源。ボリュームたっぷりで食事がわりにも。ベリーとアサイー、トマトはポリフェノールとリコピンで抗酸化作用が期待できる。ベジラテはタンパク質とエネルギー補給に。

中に具がぎっしり詰まった簡単オムレツ

オムレツトースト

材料（1人分）

食パン（6枚切り）1枚、卵1個、ツナ缶（ノンオイル）½缶、ミックスビーンズ大さじ1、ミニトマト2個、ブロッコリー 2房、粉チーズ小さじ1、塩·こしょう各少々、バター 10g

作り方

1・食パンは耳1㎝の枠を残して内側を四角く切り取る。ブロッコリーは小房に分けて茹でる。ミニトマトは¼にカットする。

2・ボウルに卵を割り、ツナ、ミックスビーンズ、粉チーズ、ミニトマト、ブロッコリーを入れて混ぜ合わせ、塩、こしょうを振る。

3・フライパンにバターを溶かし、**1**の食パンの枠を置き、中に**2**を流し込む。

4・切り取ったパンの内側部分をのせて卵が固まったらひっくり返す。パンがカリッと焼けたら完成。

ポイント

フライパンひとつでできる主食＋主菜＋副菜オムレツ。タンパク源は卵、ツナ、粉チーズ。食パンは全粒粉パンや胚芽パンなどにするとビタミンやミネラルの補強になる。バターのかわりにオリーブオイルを使ってもOK。

ひじき煮

材料（1人分）
乾燥ひじき6g、ニンジン1cm、干し椎茸（スライス）ひとつまみ、干し椎茸の戻し汁150cc、水煮大豆大さじ1、醤油大さじ1、みりん大さじ1、きび砂糖大さじ½
作り方
1・ひじきはたっぷりの水で20～30分戻す。2～3回水洗いをして、ざるにあげる。干し椎茸は別の容器で戻す。
2・鍋にひじきを入れて乾炒りし、いちょう切りしたニンジン、水煮大豆、干し椎茸を加えて炒める。
3・**2**に干し椎茸の戻し汁、きび砂糖、醤油、みりんを加えて水気が少なくなるまで煮込む。

ホウレンソウのゴマあえ

材料
ホウレンソウ½束、白すりゴマ大さじ1、ちくわ小1本、きび砂糖小さじ1、醤油小さじ1
作り方
1・鍋に湯を沸かし、塩少々（分量外）を加え、ホウレンソウを1株ずつ根元の方から入れてさっと茹で、水にとる。
2・**1**の熱が取れたら、3cmに切り、水気を絞る。ちくわは輪切りにする。
3・ボウルにすりゴマ、きび砂糖、醤油を入れてよく混ぜ、**2**を加えてあえる。

白飯　160g

ポイント

タンパク質は豆腐、卵、ハム、ちくわでたっぷり補給。タンパク質とともに摂りたいカルシウムは煮干し、ひじき、ゴマから。ひじき煮は市販品に水煮大豆を加えたり、ホウレンソウのゴマあえは市販品にちくわを加えてもOK。

味噌汁

材料（1人分）
干し椎茸（スライス）ひとつまみ、水200cc、煮干し6尾、昆布5×5cm、長ネギ3cm、豆腐30g、味噌小さじ2
作り方
1・分量の水に、頭と腹をとった煮干、干し椎茸、昆布を入れてひと晩つける。
2・**1**を鍋にいれて火にかける。沸騰する手前で昆布を取り除き、食べやすく切った長ネギ、豆腐を入れる。
3・味噌を溶き入れて完成。

ハムエッグ

材料（1人分）
卵1個、ハム2枚、油少々、レタス・ミニトマト各適量、塩・こしょう各適宜
作り方
1・フライパンに油を熱し、ハムを並べ、その上に卵を割り入れて焼く。
2・好みの硬さになったら、皿に盛り、レタス、ミニトマトを添える。好みで塩、こしょうで調味していただく。

食生活編

20

ランチの外食選びでひと工夫。選択肢があるときはこれを選べば間違いなし

朝と晩は気力とやりくり能力さえあれば、なんとか自炊はできるでしょう。でも、ランチに限っていえばどうしても外食に頼らざるをえません。だからこそ、食事セレクトのテクニックをふだんから磨いておきたいものです。

もし選択肢があるなら、どちらを選べばカラダが喜ぶか？　余分な体脂肪の蓄積を防ぎ、精悍なカラダづくりに役立つか？　ランチに出かけるときは、このことをつねに念頭に。

カレーであればどちらが高タンパクか、丼ならどちらが低脂肪かをじっくり考慮。パスタや定食も同様です。

ヘルシーだと思っていたメニューがじつは真逆といったように、わかっているつもりでも思わぬ勘違いがあるかもしれません。

左ページに紹介したVSメニューを参考に、ランチの選択眼を磨いてください。

NGワードは「オレもそれでいいや」。

周囲につられてメニュー選択をしないこと。野菜ジュースをプラスすることも忘れずに。

天ぷらそばVS
月見そば

同じタンパク源を選ぶなら、調理法に着目する。揚げるよりも炒める、炒めるよりも蒸す、茹でる、生食をチョイス。

野菜かき揚げ丼VS
魚介天丼

一見ヘルシーな野菜のかき揚げは、じつは吸油率が非常に高い。具の内部まで油が吸収されない魚介の天ぷらの勝ち。

欧風カレーVS
シーフードスープカレー

油脂が大量に含まれている欧風カレーより、あっさり低脂肪のスープカレーがベター。具材も低脂肪のシーフードで。

唐揚げ定食VS
生姜焼き定食

定食屋に入ったら、メニューを見て調理法を吟味。同じ肉類でも揚げたものよりソテーやグリルしたものを選ぶべし。

カルボナーラVS
ペスカトーレ

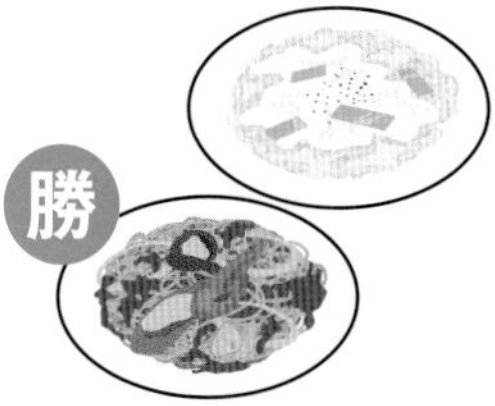

生クリームたっぷりのカルボナーラはカロリー過多。トマトソースから野菜が、魚介からタンパク質が摂れるペスカトーレを。

ラーメン+チャーハンVS
タンメン+餃子

中華料理のセットメニュー。ラーメンとチャーハンはどちらも油脂と糖質過剰。野菜が摂れるタンメンと餃子の勝利。

デミグラスハンバーグVS
おろしハンバーグ

ファミレスの定番のハンバーグ。ソースの違いがカロリーの違いに。デミソースより醤油系ソースを選ぼう。

牛丼VS親子丼

どちらもタンパク源の肉が具材だが、薄切りの牛丼より卵+鶏肉の固まりがのっている親子丼の方がタンパク質量が豊富。

食生活編
21

時間が遅いときの簡単夕食テクニック。時短筋トレ強化メニュー

筋トレをしてプロテインをぐびぐび飲んで、タンパク質補給はこれで完了。あとは速やかに眠るだけ。

もちろん、これは大間違い。1日3度の食事でしっかりタンパク質を摂らず、プロテインだけに頼っていても筋肉は養えない。このことはプロテインの項(140ページ)でも解説した通りです。

筋トレの刺激で傷ついた筋肉は、その直後から材料であるタンパク質を欲しがっています。さらに、タンパク質を合成するためにはエネルギーも必要です。代謝の歯車を動かすためには、微量栄養素を含む野菜も必須です。

とはいえ、カロリーの摂り過ぎは禁物。**夜遅くに口に入れても胃の負担にならない夕食のポイントは低脂肪で消化の良いもの。しかも手早く作れるシンプルな料理であれば、なおよしです。**コツは市販品や冷凍食品、乾物など時短と栄養補給に役立つ食材を利用すること。

特別な素材もテクニックも必要ありません。料理初心者でも手早くできる夕食レシピ3種をご紹介します。

チキンと野菜のスープ

材料（1人分）
鶏胸肉50g、タマネギ¼個、キャベツ1枚、ニンジン1.5㎝、ミックスビーンズ大さじ1、コンソメ（顆粒）小さじ1、水250cc、塩・こしょう各少々

作り方

1・鶏肉、タマネギ、キャベツ、ニンジンは食べやすい大きさに切る。

2・鍋を火にかけ、鶏肉を炒める。野菜類、ミックスビーンズ、コンソメ、水を加えて煮る。

3・野菜が煮えたら、塩、こしょうで調味して完成。

ポイント

たっぷり作って冷蔵庫や冷凍庫で保存しておけば、さまざまなアレンジが可能。最初はトマトを加える。次の日は牛乳や豆乳をプラス。最後はカレーや味噌を加えれば飽きずに食べられる。パスタやうどん、ごはんなどを入れてもよし。

とにかく早く食べたいときの
時短メニュー

焼うどん

材料（1人分）

冷凍うどん1玉、キャベツ2枚、ニンジン1㎝、ピーマン1個、厚揚げ⅓枚(50g)、ちくわ小1本、かつお節適量、めんつゆ(3倍濃縮)大さじ1、オイスターソース小さじ1、ごま油数滴

作り方

1・キャベツは食べやすい大きさに切り、ニンジンは短冊切り、ピーマンは細切りにする。厚揚げ、ちくわも食べやすい大きさに切る。

2・深めのフライパンにたっぷりめの水を沸騰させ、ニンジン→冷凍うどん→厚揚げ→ちくわの順に入れて茹でる。

3・冷凍うどんが温まったらふたをして湯切りし、キャベツ、ピーマンを加えて水分を飛ばしながら炒め、ごま油、めんつゆ、オイスターソースで味付けする。器に盛ったら、かつお節をトッピングする。

ポイント

タンパク源は植物性の厚揚げと動物性のちくわ。どちらも低脂質高タンパクなので夕食にはもってこい。うどんと具材をすべて一緒にフライパンで茹でて、最後に味付けをするだけなので失敗なし。生の肉や魚と違って加工品なので加熱時期は短くてOK。しかも低脂肪の優良メニューだ。

鮭の味噌マヨホイル焼き

材料（1人分）
生鮭1切、キャベツ1枚、タマネギ⅛個、しめじ20g、味噌大さじ½、マヨネーズ大さじ½、みりん大さじ½、七味唐辛子少々
作り方
1・キャベツはひと口大にちぎり、タマネギは薄切りに。しめじはほぐす。味噌、マヨネーズ、みりんを混ぜてソースを作る。
2・アルミホイルを大きめに切り、**1**と鮭をのせ、ふんわりと包み、両端をねじって留める。
3・フライパンに水を1㎝程度をはり、**2**を置く。ふたをして強火にかけ、蒸気が上がったら中火にして15分程度蒸し焼きにする。好みで七味唐辛子をかけていただく。

じゃこ納豆

材料（1人分）
納豆1パック、ちりめんじゃこ小さじ1、青のり・醤油各少々
作り方
すべての材料を混ぜる。

白飯　160g

トスサラダ

材料（1人分）
ベビーリーフ20g、リーフレタス15g、ミニトマト4個、ブロッコリー 3房、塩昆布少々、粉チーズ小さじ1、ポン酢醤油小さじ1、オリーブオイル小さじ½
作り方
1・ブロッコリーは小房に分けて茹でる。ミニトマトは半分に切り、レタスは食べやすい大きさにちぎる。
2・材料をすべてビニール袋に入れて、よく振って混ぜ合わせる。

筑前スープ

材料（1人分）
筑前煮（市販品）½パック、ホウレンソウ2株、生姜（すりおろし）少々、鶏がらスープの素小さじ1、水200cc
作り方
1・ホウレンソウは茹でて、3㎝に切る。
2・鍋にホウレンソウ以外の材料を入れて温める。**1**を入れてさっと煮たら完成。

ポイント
消化のいい白身魚を野菜と魚が同時に摂れるホイル焼きで調理。サラダは少量の油で作れるトスサラダ。副菜の納豆にはカルシウム豊富なじゃことマグネシウムを含む青のりをプラス。この小ワザで栄養バランスがとれる。

食生活編

22

どうしても揚げ物が食べたい。そんなときは専門店に行って揚げたてを食べる

基本的に筋トレでカラダづくりに励んでいる際には、高カロリーの調理法は避ける。これは再三お伝えしている通りです。焼き肉は食べてもOKですが、カニクリームコロッケはNG。衣がついている揚げ物は吸油率が高いうえに、中身は生クリーム。これでは明らかにカロリー過多です。

とはいえ、ときにはガス抜きも必要。半月に一度くらいであれば、ごほうびとしての揚げ物もギリギリセーフとします。

このとき心がけてほしいのが、**揚げ物の油の質**。**出来合いの揚げ物の油は、調理してから時間が経っているため酸化している状態です**。酸化した油をカラダに入れるということは、血液をドロドロにしたり血管を痛めつける過酸化脂質を進んで摂っているようなもの。

どうしてもトンカツが食べたくなったときは、どんなに有名ブランドであってもデパ地下のトンカツはNG。**目の前で揚げてくれるトンカツを食べに行きましょう**。その方が舌もカラダも断然、喜びます。

04

カラダの休め方を科学する

コンディショニング編

コンディショニング編

01

筋肉は睡眠時につくられるから7時間半の睡眠を確保する

筋肉は筋トレ時にリアルタイムでつくられるわけではありません。トレーニング後、とりわけ睡眠時につくられることがわかっています。寝ついてから1～3時間後、脳からは大量の成長ホルモンが分泌されるなどして、全身の細胞の修復や分裂が行われます。筋肉がタンパク質を摂り込んで肥大するのも、このタイミング。

つまり、いくらトレーニングに励んでも、質のいい睡眠を十分とれていなければ、思うようなカラダづくりはできないということ。**筋トレの効果を最大限に活かすためには、とにもかくにも睡眠の量を確保することが重要なのです。**

睡眠にはカラダと脳の両方を休息させる深いノンレム睡眠と、脳が覚醒した状態の浅いレム睡眠の2種類があります。眠りについた直後、通常は深いノンレム睡眠に入っていきます。このとき、成長ホルモンが大量に分泌されます。その後、レム睡眠が訪れて、再び深いノンレム睡眠に移行していきます。

個人差は少々ありますが、ノンレム睡眠とレム睡眠のふたつの睡眠は、90分1セッ

理想的な睡眠リズム

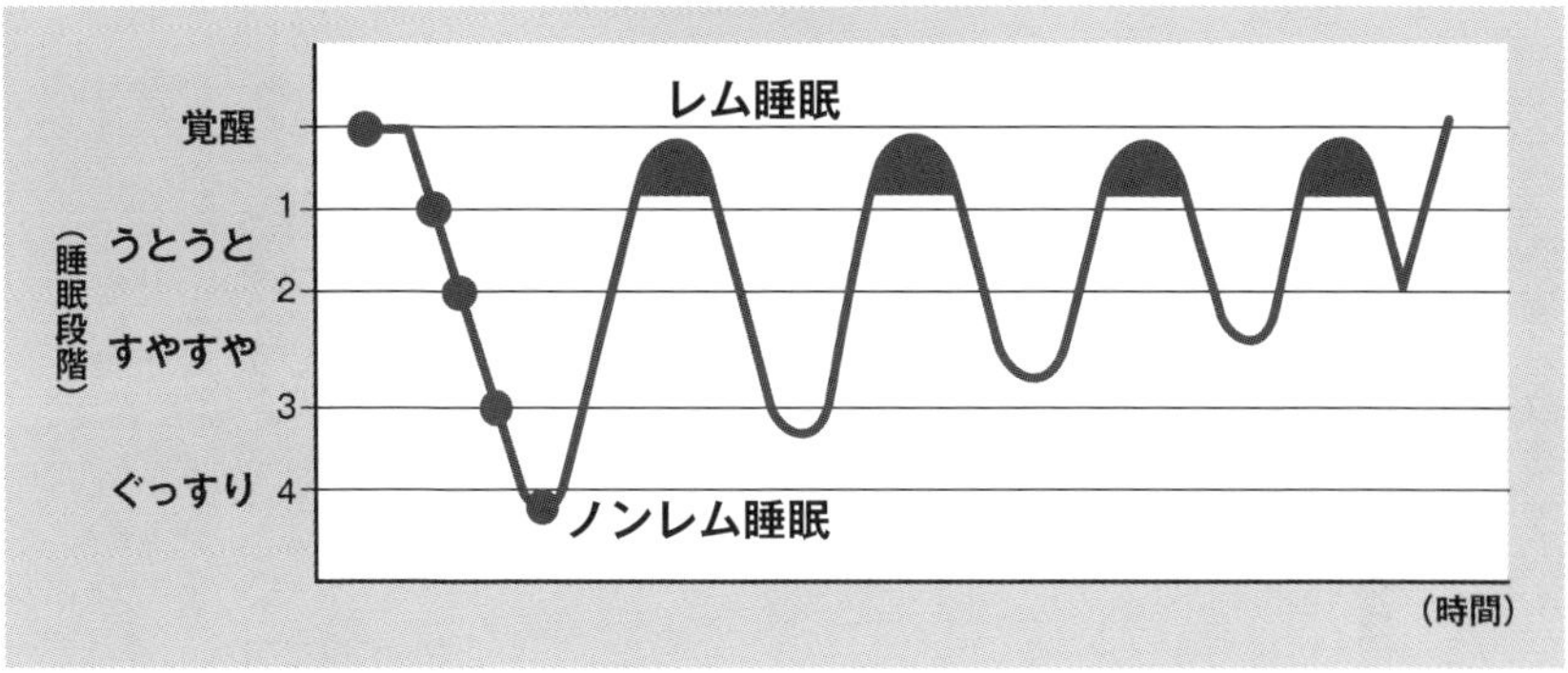

睡眠は深いノンレム睡眠と浅いレム睡眠が１セット。それが交互に何度か繰り返されている。脳だけでなくカラダの疲労をとるためには、ノンレムとレム５セットは必要。

トで交互に繰り返されます。

　睡眠の最大の目的は脳の疲労を解消したり記憶を整理することです。その目的のためだけなら、4セット6時間で事足ります。しかし、カラダの疲労をとるには、それでは不十分。**5セット、つまり7時間半の睡眠は確保しなければ、カラダはリフレッシュできないのです。**

　現在のサラリーマンの生活を見てみると、夜中の1時に寝て、朝の6時に起床するといった生活をしている人が少なくありません。でもそれでは、せっかくのトレーニングが活かされていないということです。

　しかも、起きている時間が長いと、脳はリアルタイムに血糖値の低下を感知します。小腹が減ってついつい甘いものに手を出してしまうということもしばしばです。

　最近の研究では、睡眠時間が短い人ほど食欲を増進するグレリンというホルモンの分泌が増えて、逆に食欲を抑制するホルモン、レプチンの分泌量が減るということがわかっています。

　十分な量の睡眠がとれていないと、筋肉はつくられにくくなり、下手をすれば太りやすくなってしまうというわけです。

コンディショニング編
02

体内時計のリセットが筋トレ効果を上げるカギ。起床後、朝の光を浴びよう

次に睡眠の質についてです。睡眠時間はそこそこ確保できていても、浅い睡眠が続いてしまうという場合があります。

成長ホルモンは寝入ってから最初に訪れる深いノンレム睡眠時に最も多く分泌されます。そして、そのタイミングで筋肉の修復と発達も促進されるので、浅い睡眠ばかりとっていては、筋トレの効果が十分に得られないというわけです。

質のいい睡眠を確保するためのキーワードは、「体内時計」です。

生物のカラダの中には、地球の自転運動に合わせて生きるための時計が備わっています。ヒトの場合なら、日中に活発に動いて狩りや採集を行い、日が暮れたらカラダを休めて鋭気を養う。このリズムを確保することで生き延びてきたのです。

ほとんどの場合、ヒトの体内時計は24時間より少し長めの時間にセッティングされています。ですから、毎日微調整を行う必要があります。**その体内時計を調整するための最大の刺激は、朝の光です。**

起床後、目の網膜から光の刺激が入ると体内時計の中枢、視交《しこう》叉《さ》上核《じょうかく》という部分に

その情報が届けられます。すると、長めにセッティングされた体内時計がリセットされるのです。実際、暗闇の中で過ごしていると、徐々に体内時計が後ろ倒しになっていくことがわかっています。

さらに、朝の光は、眠りを促すホルモン、

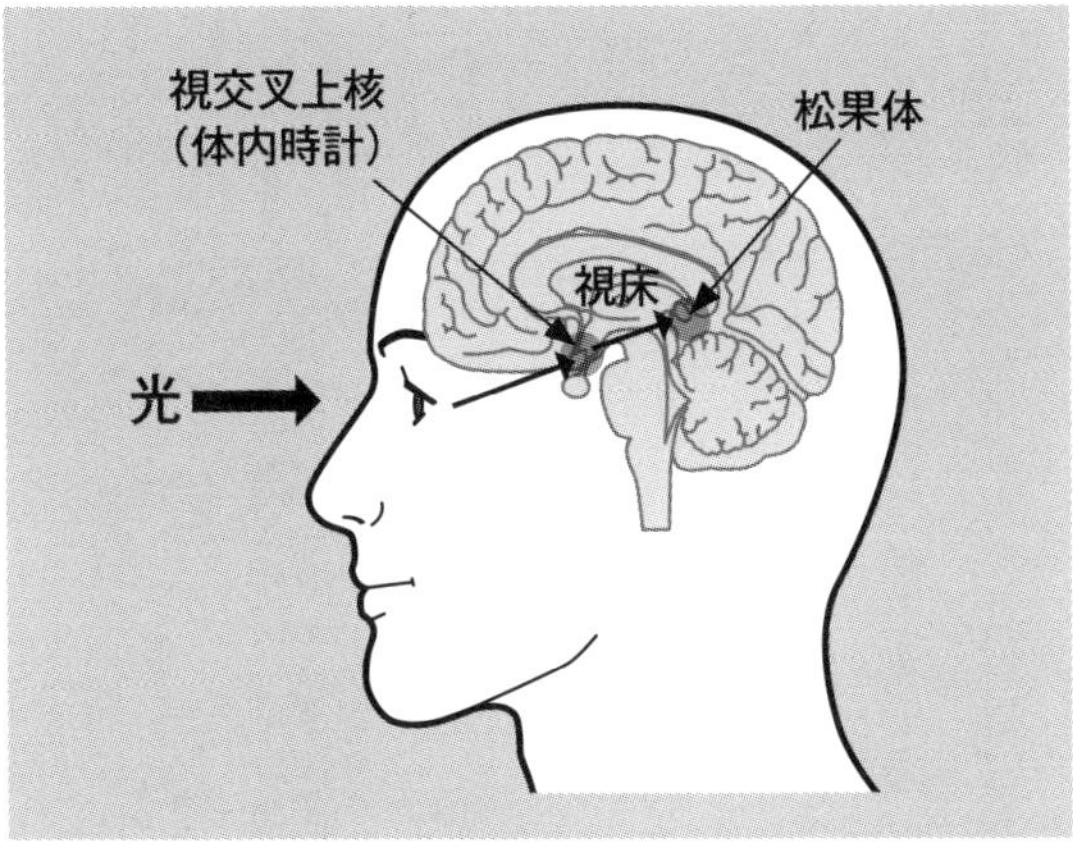

目から入った光情報が脳の視床下部にある体内時計の中枢、視交叉上核に届く。すると、約15時間後に松果体からのメラトニン分泌がプログラミングされる。

メラトニンの分泌にもかかわっています。視交叉上核に備わっている体内時計がリセットされると、その約15時間後に脳の松果体という部分からメラトニンが分泌されます。朝7時に起きて太陽の光を浴びると、夜の9時くらいからメラトニンの分泌量が増えてきて、うとうとし始めます。そのまま入浴したりリラックスした時間を過ごして、メラトニン分泌がピークを迎える11時頃に眠りにつく、というのが理想的な睡眠リズムです。

こうした体内時計のリズムがつくれれば、就寝後の深い睡眠が得られ、脳とカラダの回復、筋肉の発達がはかれるというわけ。

朝、ベッドから起きたらまず、いの一番にカーテンを開けて太陽の光を十分に浴びましょう。雨の日や曇りの日でもその効果は同様。体内時計のリセットはこれにて完了です。

コンディショニング編

03

入浴はシャワーだけですませない。しっかり浴槽に浸かって筋肉の疲労を解消する

入浴は意識的にできる有効なコンディショニング法のひとつです。ただし、シャワーを浴びる＝入浴ではありません。読んで字のごとく、浴槽に入るという意味です。

水の中に浸かるとき、次の3つの効能が期待できます。ひとつは水圧。水の圧力がカラダにかかることで、筋肉内外の血管が圧迫され、血流が促されます。

次に浮力です。水中に物体を入れると、物体が押しのけた水の重さに等しい浮力が重心の逆方向にかかります。体重60kgの人が鎖骨まで水に浸かると、約9割の浮力が働いて、足の裏にかかる体重はおよそ6kgにまで減少します。

コンディショニングという意味では、この浮力が最も大きな効能です。陸上で重力を受けている限り、筋肉にはつねに負荷がかかっています。デスクワークでほとんどカラダを動かしていないときでも、首や肩、腰には力が入っています。トレーニングをすればもちろん、もっと多くの部位に負荷がかかります。**水の中で浮力が働き、重力**

から解放されれば筋肉は収縮することをやめて脱力します。ほぼ完全なリラクセーション状態にもっていけるというわけです。

最後の効能は水温です。水の熱伝導率は空気中の約20倍。寒さも温かさも感じやすい状況になります。冷たいプールに入るとカラダは熱をつくり出そうとしてエネルギー消費が10％アップするといわれています。熱のおもな発生源は筋肉です。逆に体温より高めのお湯に浸かれば、筋肉がつくり出す熱は少なくてすむので、筋肉の休養につながります。

入浴の物理的な効果

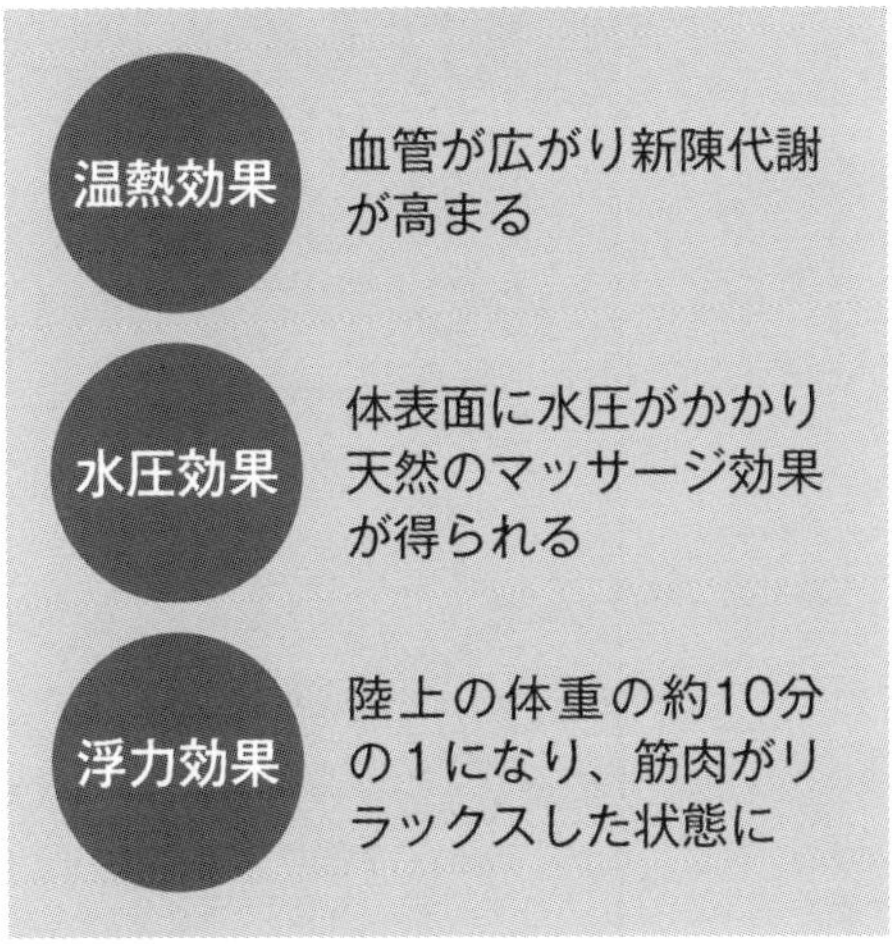

温熱効果	血管が広がり新陳代謝が高まる
水圧効果	体表面に水圧がかかり天然のマッサージ効果が得られる
浮力効果	陸上の体重の約10分の1になり、筋肉がリラックスした状態に

温泉に湯治に出かけて1週間もすると、カラダの疲労や痛みが解消されるのは、こうした水の効能が関係しているのです。というわけで、**少なくともトレーニングした日の夜はシャワーだけですませず浴槽に浸かるということを習慣にしてください。**

10分以上浸かるのであれば、お湯の温度は38～39度くらいが適当とされていますが、いちばん大事なことは自分が心地よく感じるかどうかです。多少熱めが好きという人は41度くらいでもいいし、逆にぬるめの方がラクという人は37度でも構いません。水圧で心臓に負担がかかるのを避けるため、半身浴と全身浴を交互に併用するという方法も、またありです。

コンディショニング編

04

筋トレ後は使った筋肉をストレッチで伸ばすことが、強い筋肉をつくるコツ

帰宅してガシガシ筋トレを行って、メニューをこなしたらソファにゴロリ。これはちょっともったいない話。

トレーニング直後の筋肉周辺は、運動刺激によって生じた代謝産物が溜まっている状態。これを放りっぱなしにしておくと、疲労蓄積の原因になります。その結果、次のトレーニングのパフォーマンスが下がってしまうこともあるのです。

また、ふだんかかるはずのない負荷をかけた筋肉は、交感神経が活性化することで興奮&分解モードに陥っています。ここで逆に副交感神経を優位にさせ、興奮状態を沈静化させることで、初めて筋肉が合成モードへと切り替わります。

疲労の原因を取り除きつつ、筋肉をクールダウンさせる最良の方法は、ストレッチを取り入れることです。

ストレッチには大きく分けて、静的ストレッチと動的ストレッチがあります。前者はターゲットの筋肉を一定時間じっくりと伸ばしてキープするという、いわゆる定番

のストレッチ。後者はカラダをリズミカルに動かしながら筋肉をほぐすというストレッチです。サッカー選手が試合前に行うブラジル体操などが、こちらに当たります。

筋トレ後のクールダウンにおすすめなのは、前者の静的ストレッチ。**筋トレで収縮させた筋肉を意識的に伸ばすことで反射的な脱力を促して、血流を促し、代謝産物を散らすことが目的です。**

ストレッチのポイント

正しいポーズで行う
痛みを感じない範囲で行う
反動を使わない
呼吸を止めずに リラックスして行う
10秒間ポーズをキープして 3セット繰り返す

本書で紹介する14の部位の筋トレを行った後、使った筋肉をすべてケアするという意味で、次ページから紹介するストレッチ8種目を行ってください。

最も重要なのは、痛みを感じるまで伸ばさないこと。痛みを感じるということは、明らかに伸ばしすぎ。筋肉が反射的に縮むので逆効果です。目安は「痛気持ちイイ」というレベルでキープすることです。

また、呼吸を止めると、筋肉に余計な力が入ってしまうので、伸ばしながらゆっくりと呼吸を続けることもポイントです。

伸ばす時間にも注意しましょう。一般的にストレッチは30秒伸ばすのがセオリーとされていますが、30秒ポーズをキープしようとすると、そのポーズをつくるために働く筋肉が疲労してしまいます。10秒間ポーズを維持したら休息をはさみ、3回繰り返す方法がおすすめです。

筋トレ後のストレッチ8種目

フェンシング

下腿三頭筋　左右各10秒×3セット

1・両手を腰に当ててまっすぐに立ち、片足を大きく一歩前に出す。両爪先は正面に向ける。
2・前脚の膝を曲げて体重を前足にかける。後ろ足の踵は床につけたままでキープ。後ろ脚のふくらはぎ全体が伸びる。逆脚も同様に。

ハードラーズストレッチ

大腿四頭筋　左右各10秒×3セット

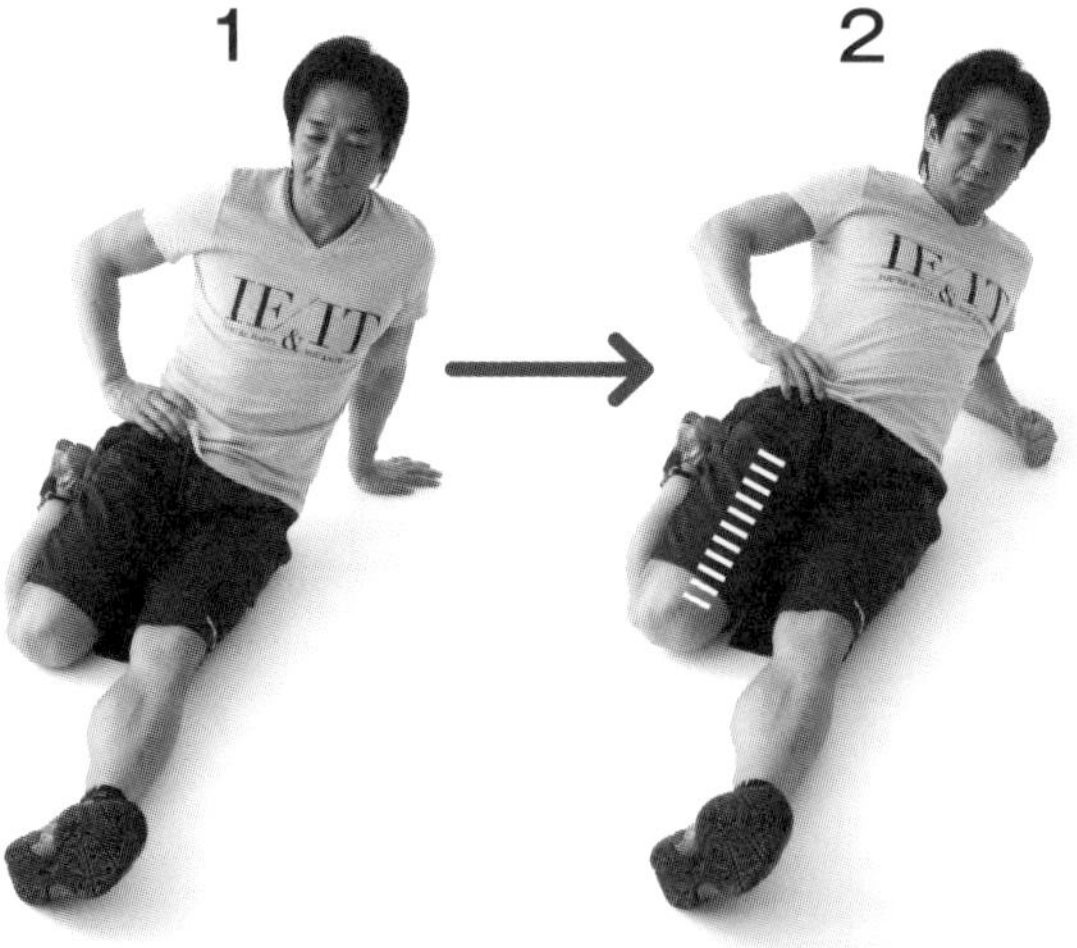

1・脚を伸ばして床に座り、片方の膝を折りたたみ、踵を同じ側のお尻の横に。逆側の手はカラダの後ろにつく。
2・後ろについた手の肘を床につけ、上体を斜め後ろに傾けてキープ。折りたたんだ脚の太腿が伸びる。逆脚も同様に。

シット&リーチ

大臀筋・ハムストリングス　10秒×3セット

1・脚を伸ばして床に座る。膝は軽く曲げた状態。背すじをまっすぐ伸ばして両手を膝の横に当てる。
2・両手を膝から下へ滑らせるようにして足の裏をつかむ。太腿裏に痛みを感じるようなら、足首や脛のあたりまででもOK。

プレッツェル

腹斜筋群　左右各10秒×3セット

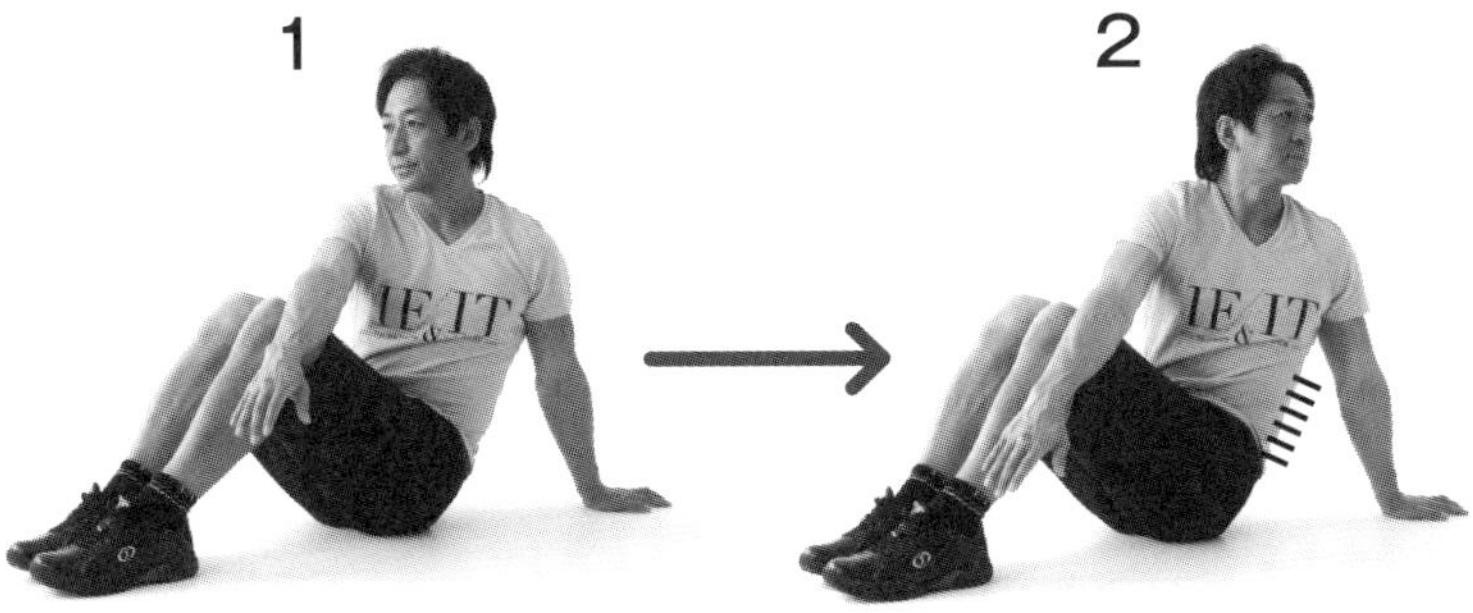

1・床に座って両膝を立て、両膝をしっかりつける。片方の腕を伸ばして逆側の膝の外側に添える。反対側の手はカラダの後ろで床につける。背中は少し丸めておく。
2・そのまま上体を後方にできるだけひねってキープ。背中は少し丸めたままで。逆側も同様に。

アームリフト

三角筋　左右各10秒×3セット

1・床（椅子）に座って、片方の肘のあたりを反対側の手でつかむ。つかまれた方の腕の掌は上に向ける。

2・そのまま肘を張りながら、二の腕をすくい上げるようにして、肩を伸ばす。すくい上げる動作によって三角筋が十分に伸びる。逆側も同様に。

ハンド・ビハインド・ネック

広背筋・上腕三頭筋　左右各10秒×3セット

1・床（椅子）に座って片手の指を同じ側の肩の付け根に置く。

2・腕を上方に上げ、反対側の手で肘を持って引っ張る。視線は下方に。上体は傾けないようにまっすぐキープ。二の腕の裏側と背中の筋肉が伸びる。逆側も同様に。

トルソツイスト

大胸筋　左右各10秒×3セット

1・四つん這いの姿勢になり、両手の幅を肩幅の倍くらいに広くとる。指先は外側に向ける。
2・片方の肘を曲げながら、上体をその方向にひねり、反対側の肩をできるだけ床に近づける。胸と肩の前側の筋肉が伸びる。逆側も同様に。

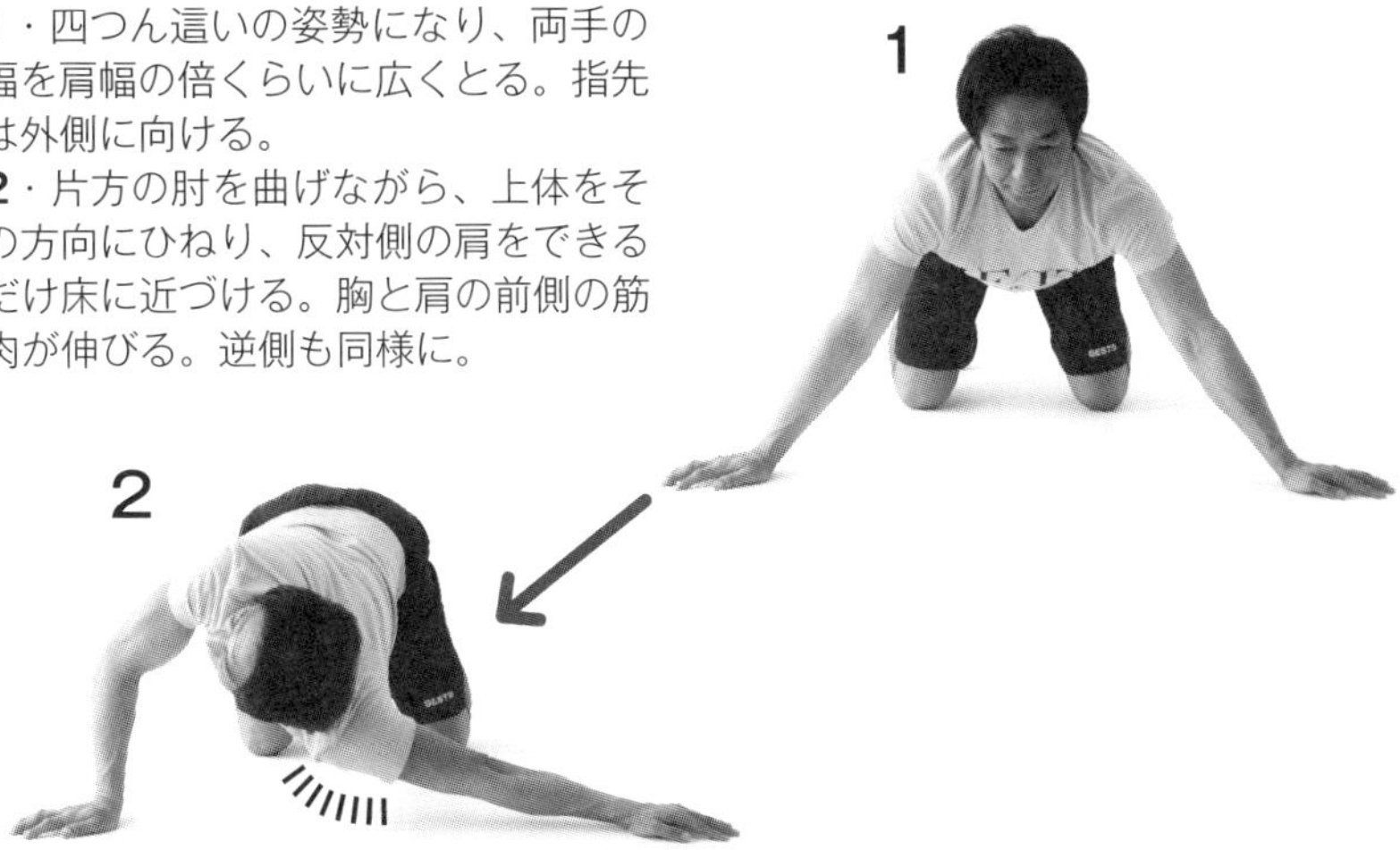

コブラストレッチ

腹直筋　10秒×3セット

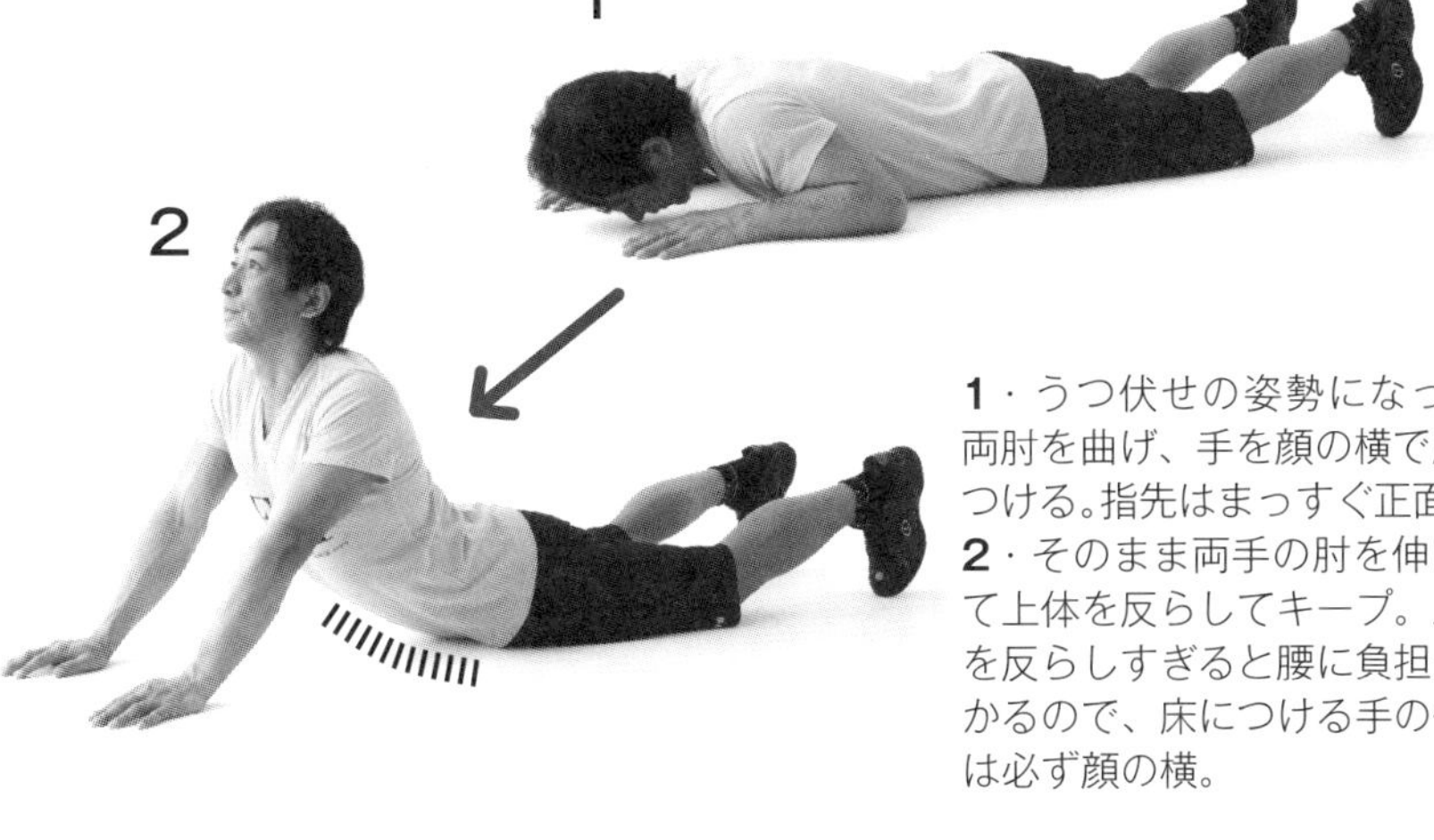

1・うつ伏せの姿勢になって、両肘を曲げ、手を顔の横で床につける。指先はまっすぐ正面に。
2・そのまま両手の肘を伸ばして上体を反らしてキープ。上体を反らしすぎると腰に負担がかかるので、床につける手の位置は必ず顔の横。

コンディショニング編

05

筋肉や関節の痛みを感じたときは、頻度、負荷、フォームを見直す

本書で紹介しているトレーニングは、適切な負荷が選択できるように設定されています。でも1回動作を行って筋肉に違和感を覚えたときは、体力レベルに比べて負荷が大きすぎたという可能性があります。

すでにご存知の通り、筋トレの負荷は大きすぎても小さすぎても、有効な結果につながりません。負荷が小さすぎる場合は、筋肥大が起こりにくいということですから、まだいいのですが、負荷が大きすぎると疲労の蓄積やケガにつながることもあります。

カラダの疲労には、次のふたつの種類があります。まず、オーバートレーニングという全身疲労。疲れがとれない、筋肉が減ってしまう、体重が落ちる、食欲がわかない、睡眠がうまくとれない、といった症状が特徴的な、ランニングやバイクなど有酸素系の持久運動をやりすぎたときに見られる疲労です。マラソンのレースに頻繁に出ているような市民ランナーなどは、オーバートレーニングにしばしば陥ることがあります。

もうひとつは、特定の部位を酷使したオーバーユースという局所疲労です。こちら

は関節に痛みが生じたり、筋肉に張りが残るといった症状が特徴的です。筋トレによるカラダの違和感はおもに後者です。

オーバートレーニングに陥ると回復するのに時間がかかりますが、オーバーユースは軽い段階で対処することで早い回復が見込めます。オーバーユースは関節や筋肉の炎症です。これが長期間に及ぶと、ケガに移行してしまうこともあるので、早急に対処することをおすすめします。

対処法としては、**まずトレーニングの頻度を落とすことです。**基本的なトレーニング頻度は週に2~3回ですが、週1回に落として様子を見てください。週1のトレーニングでも、体型維持はできますし疲労も残らないはずです。

頻度を落とす以外に、**負荷を下げるという方法もあります。**今回紹介しているプログラムでは、関節の可動域を小さいものから大きいものまで選択できるように設定しています。筋肉や関節に違和感がある場合は、痛みや違和感が現れる関節の角度を避け、動きの範囲を浅くしてトライしてみてください。

また、フォームの見直しも必要です。例えばプッシュアップの際は、指を開いて斜め45度外側に向けるというのが正しいフォームです。これは手首や肘の関節に余計な負担をかけないための工夫。関節に違和感があるという場合、細部のフォームを見逃していることも考えられます。改めてフォームの細かい部分を確認してください。

早く結果を出そうと、つい頑張りすぎてしまうということは、よくあることです。ただ、無理をして頑張った結果、ケガをしてしまっては元も子もありません。筋トレ中に感じる小さな違和感を見過ごさないようにしてください。

コンディショニング編

06

トレーニングしない日はだらだらするより軽い散歩で体調を整える

例えば平日に週2回の頻度で筋トレを取り入れたとしましょう。残りの5日間のフリータイムをどう過ごすか。これは、カラダのコンディションを整えるという意味で、とても重要なポイントになります。

毎日多忙なスケジュールをこなし、さらに筋トレを行っているのだから、トレーニングしない日はひたすらカラダを休めたいという気持ちはわかります。しかし、それが逆効果になることもあるのです。

週末は昼近くまでベッドから出ずに、ごろごろして過ごす。一見、カラダに休息を与えているようですが、逆にカラダがだるくなってしまったという経験はないでしょうか。

休日に散歩に出かけたり、掃除やＤＩＹをしたり、買い物に行ったりすることで、カラダの疲れがとれた、というような経験は誰しもあると思います。

休日にじっとしているのではなく、あえてストレッチや散歩などの軽い運動を行ったり、家事や趣味でカラダを動かす。**これをアクティブレストといいます。日本語では「積極的休養」と呼ばれています。**

04 カラダの休め方を科学する

これは、スポーツの世界ではよく知られている経験則です。**その目的はカラダを動かすことで血行を促し、筋肉に溜まった代謝物を血液に流すということです。だらだらカラダを休めているより、その方が疲労が早く回復することがわかっています。**

実際、アスリートたちはこの手法を取り入れています。ランナーであれば、フルマラソンのレースの翌日、完全休養するのではなく、軽いジョギングで疲れた筋肉をほぐすといったようにです。

アクティブレストは一般人にとっても有効です。とくに、日頃からデスクワークに従事しているビジネスパーソンならなおさらです。農業や林業といった第一次産業に従事している人なら、休日はしっかりカラダを休める必要があります。動的疲労には静的な休養が有効だからです。

一方、デスクワークで脳ばかり使っているような場合の疲れは静的な疲労です。この疲れは静的な休養だけでは解消できません。関節を動かして筋肉を適度に伸び縮みさせる動的な休養＝アクティブレストを取り入れることで回復がはかれるのです。

とくに、アクティブレストを取り入れたいのは週末です。土日に屋内でだらだら過ごしたり、夜遅くまで起きていて、朝は昼過ぎまで寝ているような生活をしていると、それだけで体内時計のリズムがあっという間に狂ってしまいます。月曜の朝がつらいというのは、このためです。

一度狂った体内リズムを整えるためには、最低でも2～3日はかかるので、週の前半はリセットのための無駄な労力がかかるというわけです。

トレーニングしない日、とくに週末は朝や日中に、あえて軽い運動を取り入れることが疲れを溜めない秘訣です。

コンディショニング編

07

2か月筋トレして効果なし。そんなときは運動のやり方、食事、休養を見直す

筋トレをスタートして明らかな効果が見られるのは、およそ2か月後といわれています。まず最初は中枢神経と筋肉の連動性など神経系の適応が現われ、次に筋線維の1本1本が太くなっていきます。見た目にカラダが引き締まったり筋肉がついたとわかるようになるには、それだけの時間をかけて段階を踏む必要があるのです。

逆にいえば、筋トレを始めて2か月たってもなんの効果も表れないという場合は、なんらかの原因が必ずあるということです。**筋肉を養うために必要な3本柱は、運動、食事、休養。このうちのどれか、もしくは複数に問題があるのです。**

運動の場合は、種目数や負荷の過不足ということが考えられます。トレーニングの適正頻度は週2〜3回なのに、週に1回しかトレーニングをしていない、あるいは毎日行ってオーバーユースに陥っているかもしれません。動作のスピードが速すぎたり、間違ったフォームでトレーニングを行っている可能性もあります。

食事はどうでしょう。1日に摂るべきタンパク質の量が不足しているかもしれませ

ん。筋肉の合成に必要なビタミン補給ができてないことも考えられます。

休養でいえば、最大の条件は睡眠です。質のいい睡眠が必要な量とれていないことが原因かもしれません。

これらのうち、条件が満たされていないものがないか、もう一度チェックしてみてください。正しい筋トレは裏切りません。「自分は筋肉がつきにくい体質」という人がよくいますが、遺伝的な要因の影響はわずか3分の1程度にすぎないのです。

ダイエットの経験がある人なら、よくご存知でしょうが、停滞期というものがあります。最初は順調に体重が減っていたのに、あるときピタッと数値が下げ止まる時期のことです。エネルギーの出納量の変化にカラダが順応しようとしている瀬戸際です。ここで挫折すると、リバウンドの憂き目にあうことになります。

一方、筋トレはどうでしょう。最初の1か月、筋肉に変化はありませんが、運動刺激に神経が適応して5回できていたものが10回できるようになる、という現象が起こります。ただし、次の2か月目ではその感覚は消えてしまいます。

しかしこれは停滞しているわけではありません。筋肉の内部では、確実に細胞のひとつひとつが以前より強靭になりつつあります。一見、停滞期に見えてもそれは決して停滞期ではないのです。ここがダイエットと筋トレの大きな違いです。

30代以降、何もしなければ筋肉は年0.7%程度の割合で減っていきます。今40歳として、これを20歳の頃に戻すためには、およそ2年という歳月がかかります。少し気の遠くなるような期間ですが、**1年続ければ10歳若返ると考えれば、決して長い期間とはいえないのではないでしょうか。**

コンディショニング編
08

やる気の維持のためには最初に頑張りすぎず、成果を〝見える化〟する

カラダづくりに失敗する最大の原因のひとつは、やる気を維持できないというところにあります。これは、張り切って筋トレに着手し、最初から何もかも完璧にやろうとしてしまうタイプによく見受けられます。

早く結果を出そうとして必要以上の負荷をかけ、ギリギリのところでトレーニングしてしまう。すると、あるところから運動に対する嫌悪感が生じます。これを心的飽和といいます。

当たり前のようですが、人には苦しくてつらいことはやりたくなくなる、という性質があります。例えばギリギリ10回行うのが精一杯な運動を10回行うのと、あと2回くらいできそうだなという余力を残して10回行うのとでは大違いです。前者は運動することを嫌がるようになり、後者では運動は意外とラクだと感じることでしょう。

というわけで**最初からハードに頑張るより、こんなレベルでいいの？　と感じる程度で運動する方がやる気が続き、トレーニングが習慣化する可能性は高いのです。**

また、モチベーションを維持する最大の牽引力は、人から褒められることです。ボディビルダーが自らの肉体を披露して、周囲にすごい！　と言われるのは、彼らにとって最大のごほうびです。それと同様に、周りから「なんだか雰囲気が変わった?」「前より若くなったような気がする」などと言われることで、モチベーションは一気に上がります。周囲に認めてもらうということは、非常に重要なことなのです。

ただし、周りの人間が見てはっきりとカラダの変化がわかるというまでには、およそ2か月という時間がかかります。それまでの間は、自分で自分の変化を認めて褒めることを忘れないようにしてください。

ワイシャツの首周りがゆるくなった。ベルトの穴がひとつ小さくなった。階段をラクに上れるようになった。なんでも構いません。人には気付かれなくとも、自分自身の中で感じた変化に対して敏感になりましょう。頑張ってきたからカラダが変わってきたんだということを、ひとつひとつ確認することでモチベーションは高まります。

変化に敏感になるために意識的にできることがあります。トレーニングの成果を〝**見える化**〟**するというのがそのひとつです。**体重や体脂肪率、二の腕や胸囲、ウエストなどのサイズを定期的に計測し、目に見える形で記録に残すというのが、典型的な方法です。グラフなどをつけたりスマホで自分撮りをして、毎日数値や画像を目にすることで、やる気の下支えになります。

目指すゴールと現在の自分を比較するというのも見える化です。いちばんカッコよかった頃の自分の写真を目に見える場所にはり、その横にいまの二重あごの自分の写真をはる。いささか過激な方法ですが、やる気は確実に上がるはずです。

コンディショニング編

09

自らの筋肉は自ら癒す。入浴後はセルフマッサージで筋肉の休息を

筋トレで刺激した14の部位は、ストレッチだけでなくマッサージでケアをするとより疲れをリリースすることができます。

その目的は、物理的な刺激で筋肉を脱力させること。また、血液の循環を促して筋トレで筋肉中に溜まった代謝産物を押し流すことです。

体内の老廃物は静脈から心臓に運ばれた後、代謝されるか排出され、リフレッシュされた動脈の血液が必要な酸素や栄養を各組織に運びます。このため、基本的には末梢から心臓の方向へ、下から上に向かってマッサージ刺激をすることがポイントです。

マッサージにはさまざまな手技がありますが、ここでは揉捏《じゅうねつ》法（圧をかけながら揉む）と圧迫法（定点を押す）というテクニックを使います。セルフで行う場合は、このふたつの手技がポピュラーなものになります。手や指で圧をかけたときには筋肉を脱力させるようにしてください。

次のトレーニングのパフォーマンスを落とさないためには、運動後にストレッチを

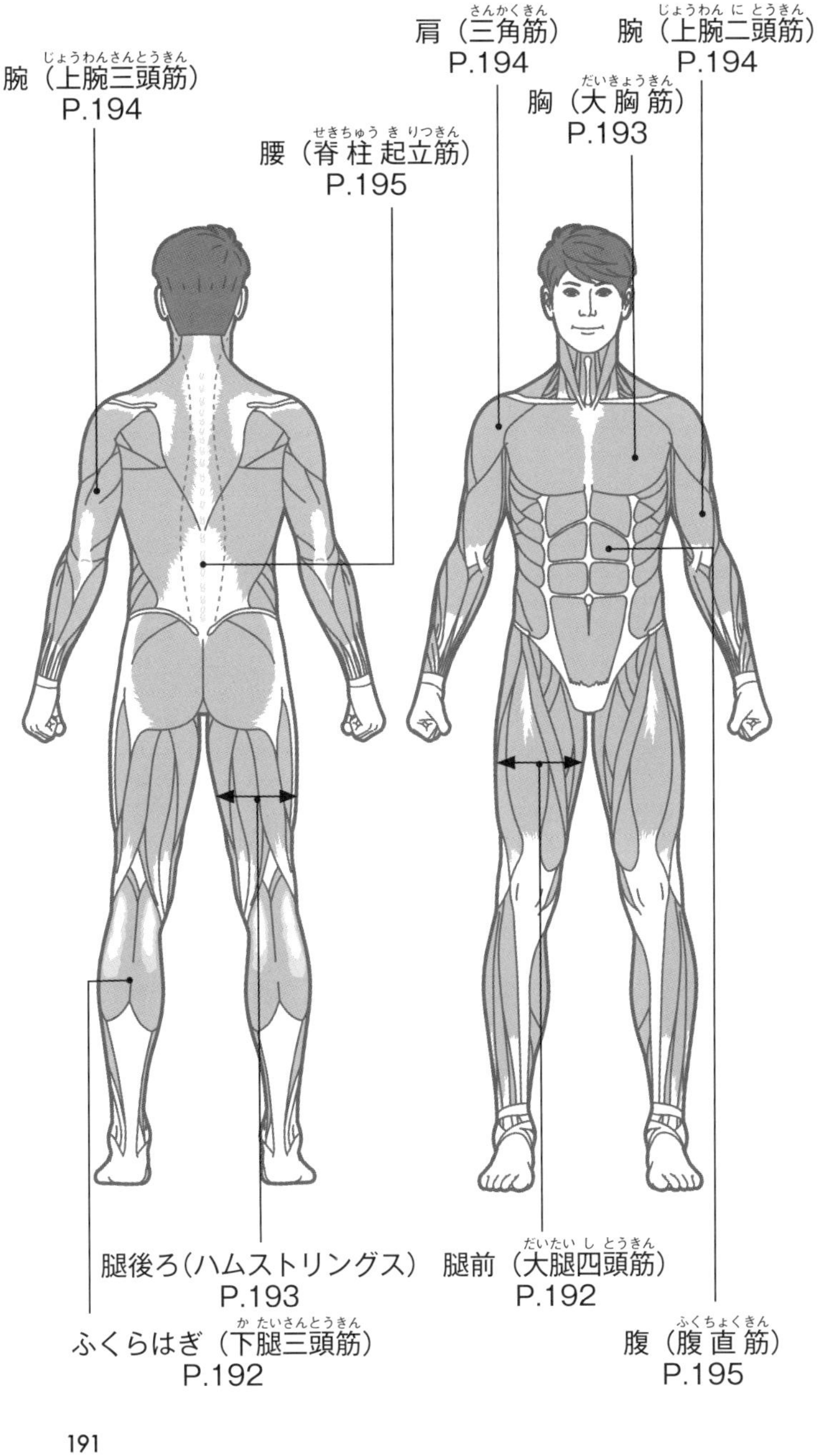

行い、入浴後にマッサージを行うのが理想です。このとき、指が滑りやすいようオイルかパウダーを使用することを忘れずに。

セルフの場合、やりやすいのは腕や脚といった四肢。疲れが溜まる腰などは拳やゴルフボールなどを利用すると効率的です。

マッサージしたい8つの部位

ふくらはぎ

下腿三頭筋　左右各1 ～ 2分

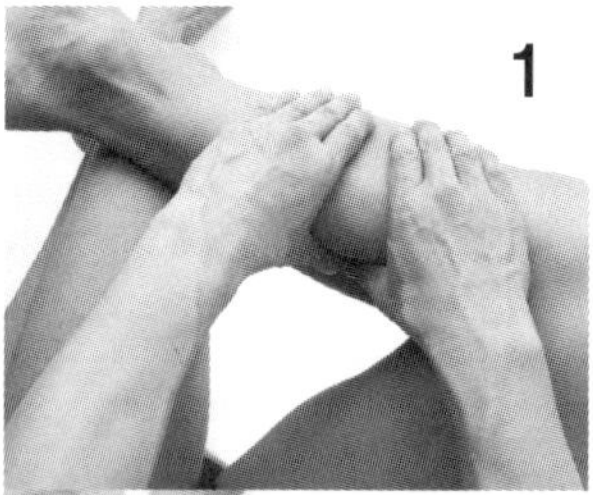

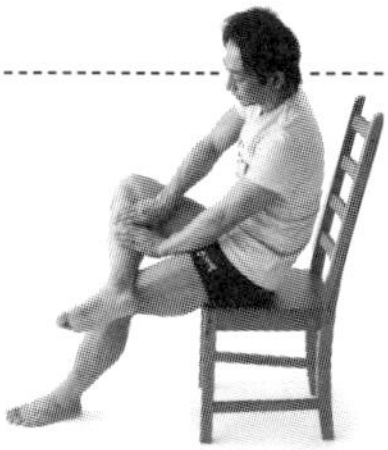

1・椅子に座って片脚を反対側の膝の上に乗せ、両手でふくらはぎの下部をつかむ。
2・筋肉の走行に対して垂直方向に動かすように1秒間に2回のペースで揉み、5 ～ 10回繰り返し、少しずつ上方へ。逆も同様に。

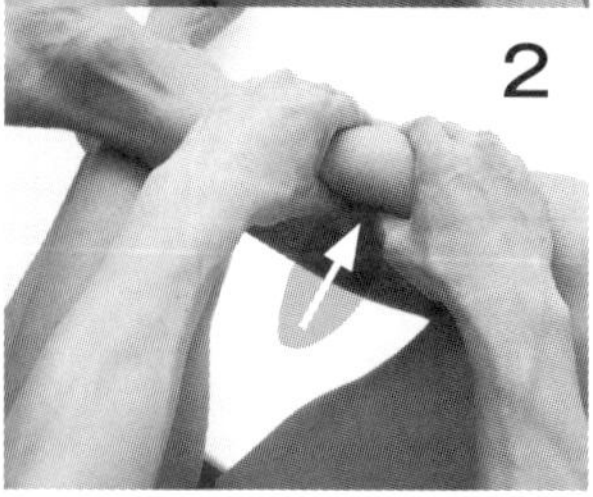

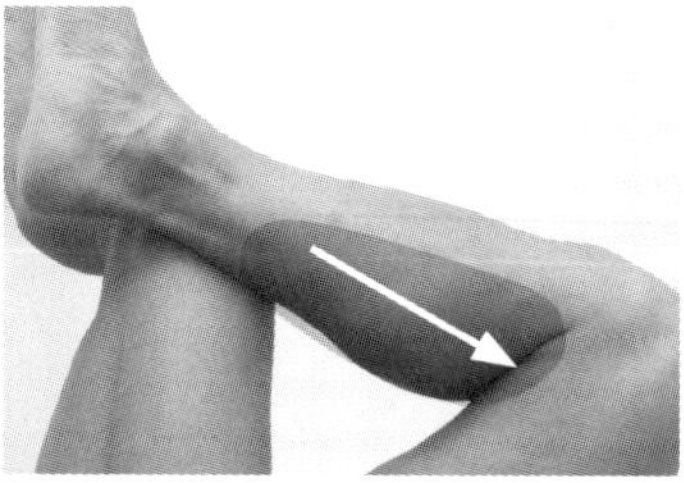

腿前

大腿四頭筋　左右各1 ～ 2分

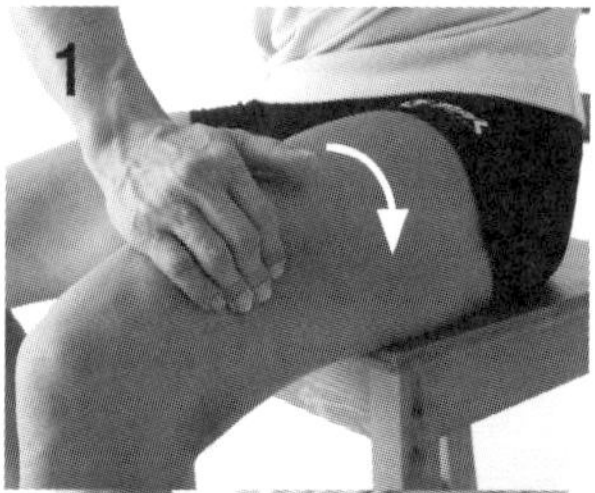

1・椅子に座って、片方の太腿の前の筋肉を両手でつかむ。
2・掌の根元で太腿の筋肉を引っ張って押すイメージで5 ～ 10回揉みながら、徐々に上方に移動。逆脚も同様に。

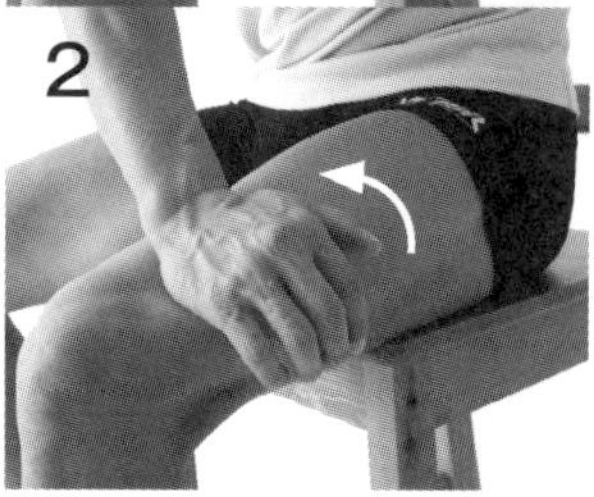

※写真はわかりやすいように片手で行っているが実際は右上の写真のように両手で行う

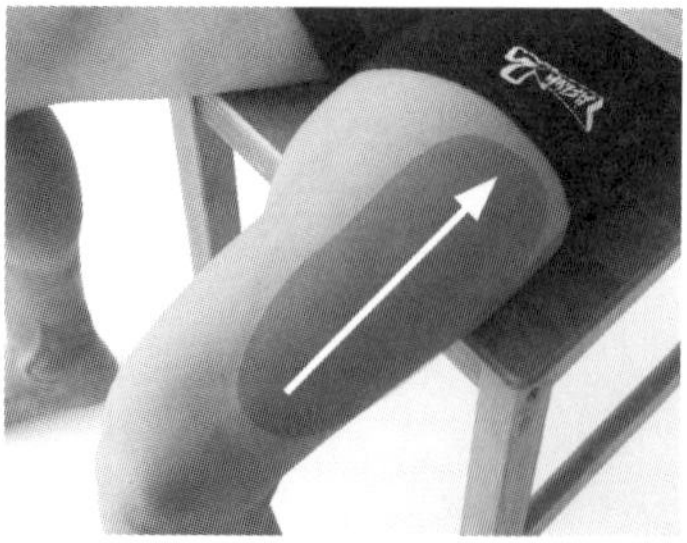

腿後ろ

ハムストリングス　左右各1 ～ 2分

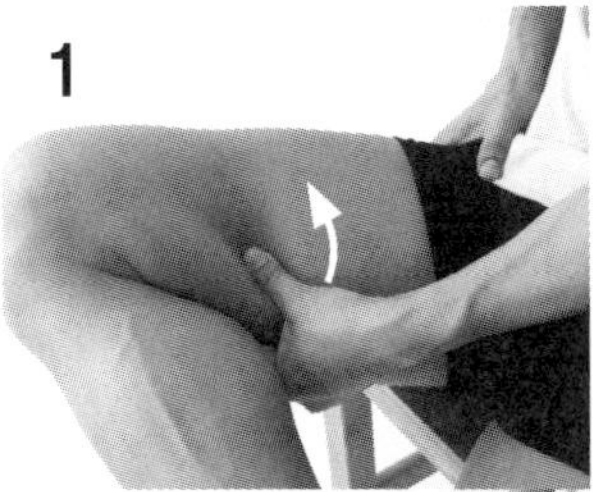

腿後ろは片手でマッサージ。
1・膝後ろのあたりの筋肉を片手でつかむ。親指は上、残りの指は筋肉の下側をつかむ。
2・ぎゅっとつかんで持ち上げて押し下げる。5 ～ 10回繰り返し、上方へ。逆側も同様に。

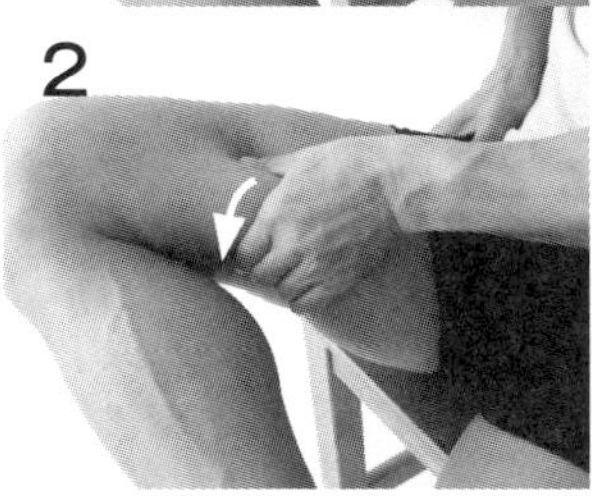

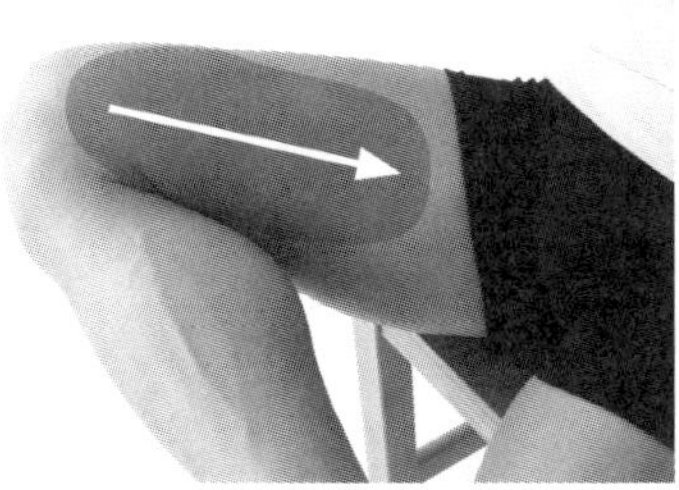

胸

大胸筋　左右各1 ～ 2分

1・人さし指、中指、薬指を胸の筋肉に当てる。
2・くるくると回すように5 ～ 10回刺激。移動方向は腕の付け根から胸の中心に向かって。最初は上部、次は真ん中、最後は下部の順番で。逆側も同様に。

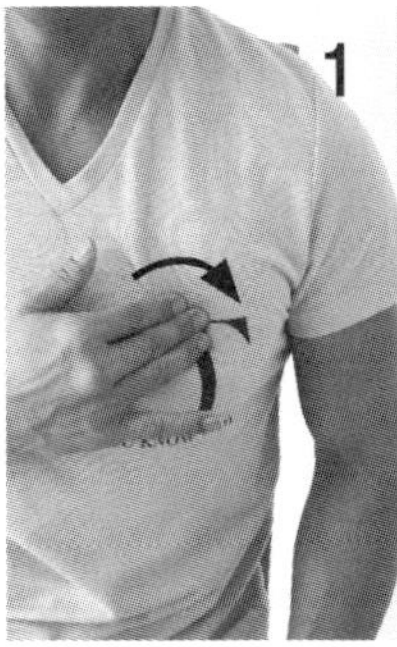

肩

三角筋　左右各1 ～ 2分

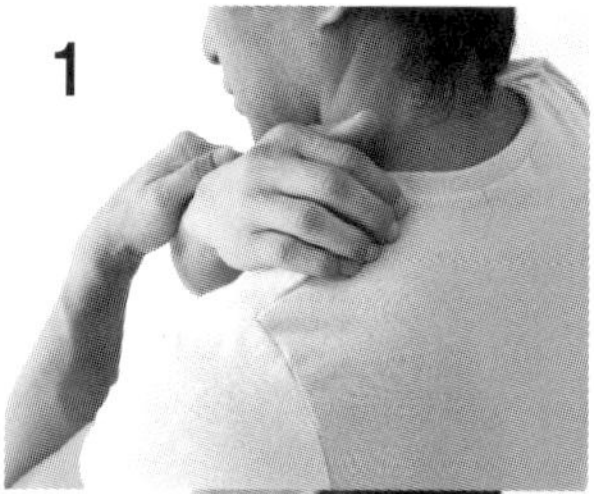

1

1·親指以外の指を肩に当てて、反対側の手で手首をつかむ。
2・手首を引き下ろすようにして指で5秒圧迫して緩める。3 ～ 5回。移動方向は腕の付け根から首へ。上、真ん中、下の順番。逆側も同様に。

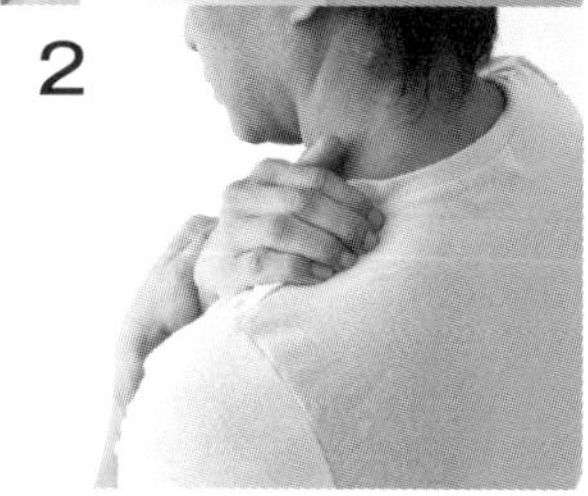

2

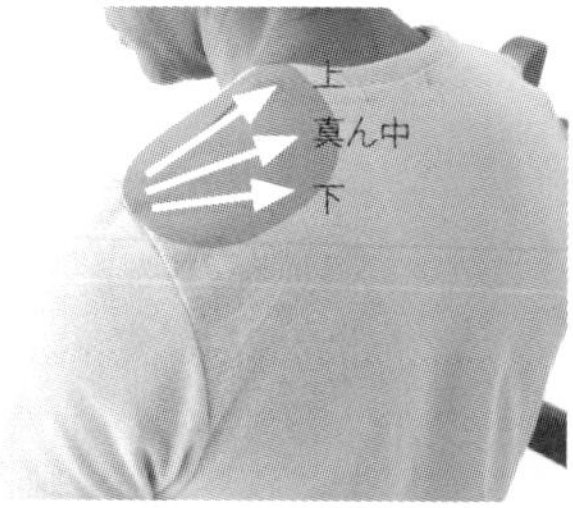

腕

上腕二頭筋、上腕三頭筋　左右各1 ～ 2分

1・片手で反対側の二の腕をつかむ。親指は二の腕の後ろ、そのほかの指は二の腕の前。
2・二の腕全体をつかんだら手首を動かしながら外側に向かって5 ～10回揉む。肘の上から肩の下まで。逆側も同様に。

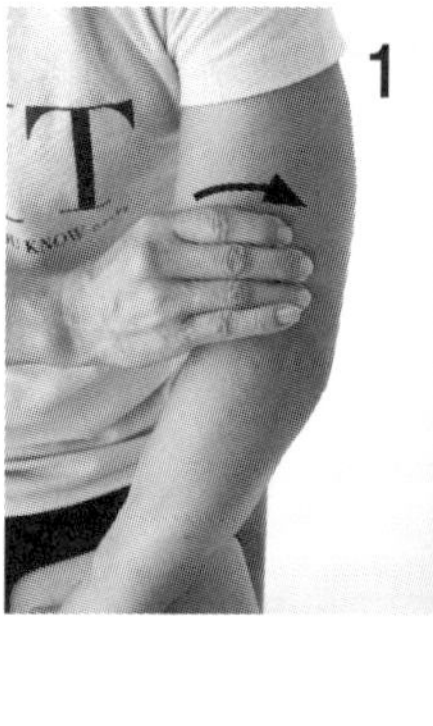

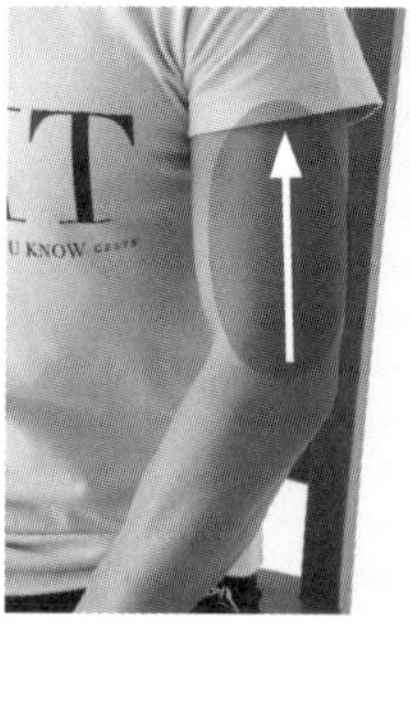

腰

脊柱起立筋　1 ～ 2分

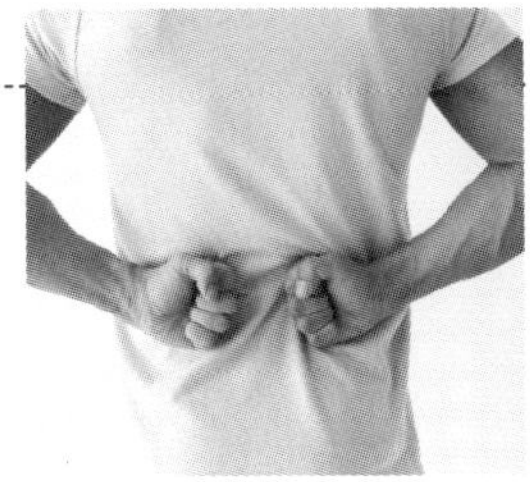

1・床に仰向けになる。フローリングの場合はタオルを下に敷く。両手の拳を腰の下に置き、一度お尻を浮かせる。
2・拳の上に上体を乗せて5秒キープを3 ～ 5回繰り返す。肩甲骨の下まで。ゴルフボール等で代用可。

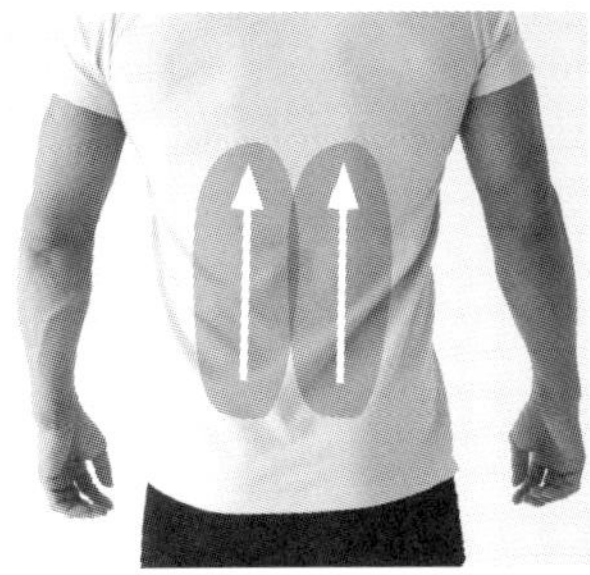

腹

腹直筋　左右各1 ～ 2分

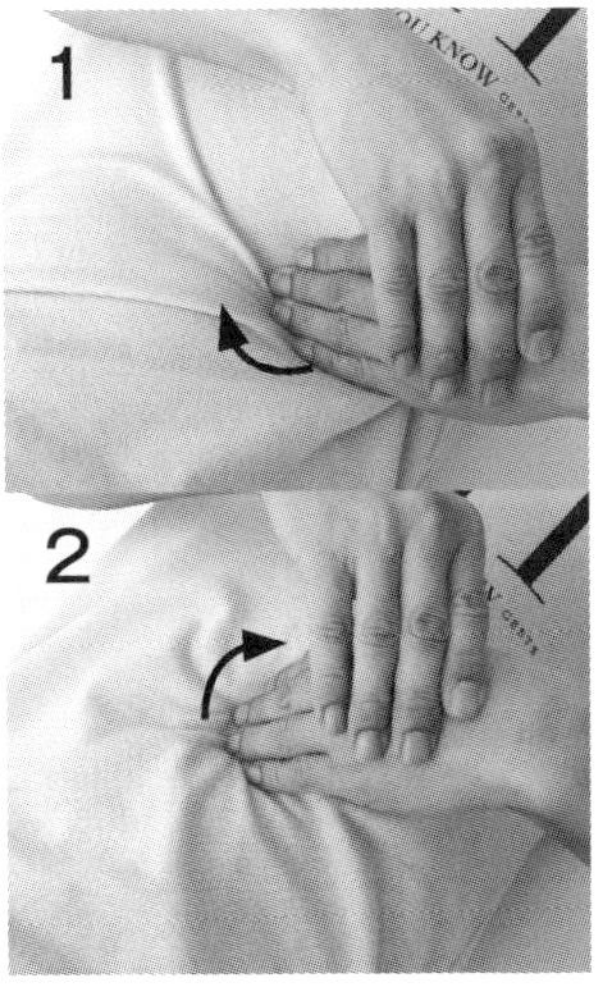

1・仰向けになり、両膝を立ててお腹の力を抜く。片手の指の腹を腹筋に当て、もう一方の手をのせる。
2・上側の手で甲を押すようにして圧をかけ、5 ～ 10回押し回す。肋骨の下まで移動させたら反対側も同様に。

コンディショニング編

10

姿勢と左右差の改善でケガを予防し、トレーニング効果をアップさせる

頭が前に出て背中が丸まる。骨盤が後ろに傾いて膝が開いて前に出る。いわゆる猫背とO脚です。高齢者になると、ほとんどの人がこうした姿勢になっていきますが、最近では20～50代でも、こうした姿勢をとっている人が少なくありません。

じつは2本の脚でまっすぐに立つということは、持って生まれた能力ではありません。私たちは生まれたばかりのときは、寝返りをうつ程度でしか体重移動ができません。そのうちにハイハイをするようになり、つかまり立ちをするようになり、手放しで立って歩けるようになるまでには、およそ1年かかります。さらに数年かけて、立ったり歩いたりする姿勢はスムーズになっていくのです。

正しくまっすぐに立つという姿勢は、長期間の反復練習によって獲得する一種の技術といえるのです。

ところが、社会人になると前屈みのパソコン作業を続けることで猫背姿勢になり、無意識に膝を外側に出しての歩行を続けることでO脚が進行します。姿勢の技術は反復によって上書きされていきます。生まれ

て間もなく反復練習で正しい姿勢を獲得していくのと同様に、悪い姿勢も反復することで身についてしまうというわけです。

猫背やO脚などの**悪い姿勢は老けて見えるのに加え、筋トレを行おうとすると、正しいフォームがとれず、本来のトレーニング効果が得られないことがあります。**

また、カラダの左右差も筋トレのフォームに影響します。例えば、スクワットを行うとしましょう。重心の位置が左右にずれていると、片方の脚だけに力がかかり、そちらの大腿四頭筋ばかりが発達してしまうということになります。すると、結果的にますますアンバランスなカラダができあがってしまうことになるのです。

左右差が生じるいちばんの理由は、立ち方や座り方などの姿勢にあります。まっすぐに立ったり座ったりするとき、理想的には左右の足やお尻にかかる体重の比率は50対50です。ところが、多くの場合、60対40だったり、極端な場合は90対10だったりすることがあります。

私たちは利き腕を使いやすくするために、無意識に利き腕とは反対側の足やお尻に体重をかける傾向があります。それを長い間続けることによって習慣づいてしまうのです。こちらも、意識的にリセットしていく必要があります。

悪い姿勢やカラダの左右差は、そのまま筋トレのフォームに反映されてしまうだけではありません。前後左右の部位のどこかに負担がかかり、その部位がオーバーユースに陥る可能性も高くなります。

というわけで、次のページから紹介する姿勢や左右差を改善するストレッチを取り入れることは、非常に重要です。1日のうちで取り入れる回数が多ければ多いほど、正しい姿勢が上書きされると考えてください。

ハンズ・ビハインド・バック

大胸筋　10秒×3セット

1・両足を肩幅に開いて立つ。両手をカラダの後ろで組み、胸を張って正面を見る。
2・そのまま、腕を伸ばし顎を上げて、上を見ながら両肩を後方に引く。

スウェイ・バック

腹直筋　10秒×3セット

1・両足を肩幅に開いて立ち、両手を腰に当てる。最初はまっすぐの状態。
2・そこから骨盤だけを前に傾けてお尻をやや後方に突き出す。上体は動かさないように。

ニーホールド

中臀筋　左右各10秒×3セット

1

2

1・床に座って片脚の膝を曲げてクロスさせたら両手で膝をつかむ。
2・そのまま膝を両手で抱き寄せるようにして、できるだけ胸に近づけてキープ。反対側も同様に。

ヒップ・インターナル・ローテーション

深層外旋六筋《しんそうがいせんろっきん》（お尻のインナーマッスル） 左右各10秒×3セット

1・床に座り両膝を立て、両手をカラダの後ろで床につけて後傾姿勢に。両足は肩幅よりやや広く、爪先は斜め45度外側に。
2・片方の膝だけを内側に倒してキープ。
3・反対側も同様に。

シングルレッグスタンド・キープ

体幹、下半身　左右各10秒 ★やりにくい側はさらに2セット行う

1

2

1・椅子に座って、両足を腰幅に開く。両手はカラダの横でまっすぐ下ろす。
2・そのまま片方の膝を上方に持ち上げる。10秒キープ。反対側も同様に。

Check

普段から重心が左右どちらかに偏っていると、いつも体重が乗っている方の脚がうまく上がらない。

ハンド・スライドダウン

体幹、下半身　左右各10秒 ★やりにくい側はさらに2セット行う

1・椅子に座って両足を広めに開く。
2・上体をまっすぐにした状態から真横に曲げて、片手を床に近づけていく。10秒キープ。反対側も同様に。

Check 腰や背中、肩などの筋肉の柔軟性に左右差があると、手を伸ばしたときに上体をひねりやすい。

レッグレイズ・キープ

体幹、下半身　左右各10秒 ★やりにくい側はさらに2セット行う

まっすぐに立って両手を腰に当てる。そのまま片脚を少しだけ床から引き上げて、片脚立ちに。支持脚の親指とお尻に力を入れること。10キープ。反対側も同様に。

Check 親指に荷重できないと、片脚立ちになったときカラダが軸脚側に倒れてしまう。

サイドベンド・ストレッチ

体幹、下半身　左右各10秒 ★やりにくい側はさらに2セット行う

1・両足を肩幅よりやや広めに開いて立つ。両手はカラダの横にすとんと下ろす。
2・そのままカラダを横に倒しながら片手を膝方向にスライド。10秒キープ。反対側も同様に。

Check 下半身や臀部の筋肉の柔軟性に左右差があると、どちらかは上体を無意識にひねりやすい。

筋トレと栄養の科学

STAFF

デザイン	プラスワンデザイン事務所
撮影	谷 尚樹
イラスト	内山 弘隆
編集・原稿	石飛 カノ／井上 健二
校正	麦秋アートセンター
編集制作	シーオーツー（木戸 紀子）
撮影協力	株式会社 D&M （ラバー「セラバンド」） スポルディング・ジャパン株式会社 （シューズ「スポルディング CYTEK LO」）
写真協力	株式会社 明治　森永製菓株式会社

監修

坂詰 真二

NSCA公認ストレングス＆コンディショニング・スペシャリスト。同協会公認パーソナルトレーナー。横浜YMCAスポーツ専門学校講師。横浜市立大学文理学部卒。株式会社ピープル（現コナミスポーツ）で、ディレクター、教育担当を歴任後、株式会社スポーツプログラムスにて実業団などのチーム、個人選手へのコンディショニング指導を担当。1996年に独立し「スポーツ＆サイエンス」を主宰。「アスリート指導、指導者育成、メディアを通じての運動指導」を中心に活動中。著書に『最新ストレッチの科学』『女子の筋トレ＆筋肉ごはん』『筋トレ革命 エキセントリックトレーニングの教科書』（ともに弊社）など。

石川 三知

スポーツ栄養アドバイザー、ボディリファインニングプランナー。「Office LAC-U」代表。中央大学商学部兼任講師。跡見学園短期大学生活芸術科、横浜栄養専門学校卒。病態栄養指導に携わった後、東京工業大学の実験助手を経て栄養アドバイザーに。陸上の末續慎吾選手、競泳の渡部香生子選手、スピードスケートの岡崎朋美選手、フィギュアスケートの荒川静香選手、髙橋大輔選手、浦和レッズ、全日本男子バレーボールチームなど、多くのアスリートやチームを栄養面からサポートする。ユーキャン「スポーツ栄養プランナー講座」監修。著書に『決して太らない体に「食の法則」1：1：2のレシピ』（マガジンハウス）など。

新版　筋トレと栄養の科学

2021年4月5日　初版発行
2021年6月25日　第2刷発行

監修者　坂詰真二／石川三知
発行者　富永靖弘
印刷所　公和印刷株式会社

発行所　東京都台東区台東2丁目24　株式会社　新星出版社
〒110-0016　☎03(3831)0743

ISBN978-4-405-09406-2